DOCTEUR ADOLPHE JAVAL

MES LUTTES AVEC M. LEBUREAU

FLAMMARION

Mes luttes
avec M. Lebureau

Il a été tiré de cet ouvrage :
vingt-cinq exemplaires sur papier pur fil Lafuma
numérotés de 1 à 25.

DU MÊME AUTEUR

Chez un autre éditeur :

LA CONFESSION D'UN AGRICULTEUR.

En préparation :

LA CONFESSION D'UN MOBILISÉ (La Pagaïe).

DOCTEUR ADOLPHE JAVAL

Mes luttes avec M. Lebureau

(La confession d'un administré)

ERNEST FLAMMARION, ÉDITEUR

Je dédie ce livre aux 37.981 Secrétaires de Mairies de France.

Je les admire et je les plains.

A. J.

Qui n'a pas vécu avant le siècle de la bureaucratie, n'a pas connu la douceur de vivre.

(D'après TALLEYRAND.)

INTRODUCTION

LA DOUCEUR DE VIVRE AU XXe SIÈCLE

Si nous avons quelquefois de la peine à nous comprendre, c'est parce qu'il nous arrive de parler ou d'écrire, sans définir préalablement le sens exact des mots que nous employons. Malgré la richesse de la langue française, certains termes prêtent à ambiguïté, et quelques locutions ont pris, à l'usage, des significations qui engendrent la confusion.

On dit communément, par exemple, que l'Etat les Départements et les Communes dépensent soixante milliards par an. Or, rien n'est plus faux que d'appliquer le mot de dépense *à ce remue-ménage d'argent qu'il faut définir tout autrement.*

Larousse nous enseigne que dépense *veut dire : « employer de l'argent à quelque chose ».*

Il est donc illogique d'englober, dans la définition de dépense, *de l'argent qui n'est employé à rien.*

Supposons qu'un individu, ayant de l'argent plein ses poches, passe son temps à transporter dans la poche droite, ce qui était dans la poche gauche, et vice versa. *Dira-t-on que cet homme dépense de l'argent ?*

Supposons maintenant que l'Etat aspire un milliard de la poche de certains contribuables, pour le refouler dans la poche d'autres contribuables. Nous dirons que l'Etat a déplacé *de l'argent, ce qui n'est pas la même chose que le* dépenser.

Lorsqu'une cuisinière fait sauter des pommes de terre dans une poêle à frire, elle ne dépense pas des pommes de terre, elle les déplace, et cela, dans un but bien défini, qui ne serait pas atteint si les pommes de terre s'attachaient à la casserole. L'énergie musculaire dépensée par la cuisinière, pour accomplir dix fois, vingt fois, cent fois le même geste, a un but culinaire certain. Lorsque le résultat sera obtenu, la cuisinière cessera immédiatement cette production d'énergie, qui, prolongée inutilement, mériterait alors le nom de gaspillage.

Lorsque l'Etat déplace un, deux ou dix milliards, il occupe, à cet effet, quelques centaines de milliers de fonctionnaires, qui emploient leur temps, donc leur énergie, à opérer ce déplace-

ment, en poursuivant des buts divers, dont un, commun avec celui de la cuisinière précitée, consiste à empêcher la matière de s'attacher.

Les autres buts sont, le plus souvent, mal définis et nécessitent une telle diversité d'efforts que le travail effectué n'aura jamais la productivité du travail en série : le tir sur objectif mouvant oblige à de perpétuels changements de pointage.

Quand les buts sont définis, il est d'usage de les viser tous à la fois, ce qui augmente les chances de n'en atteindre aucun. Cette conception de la balistique est bien connue : c'est le tir de barrage substitué au tir d'efficacité et il en résulte une débauche de munitions et d'effectifs que tout le monde déplore.

Enfin, il arrive souvent qu'un but soit atteint par un des tireurs sans qu'un autre le sache. Ce système, dit de la cloison étanche, *conduit à continuer un tir inutile et à dépenser de l'énergie en pure perte. C'est comme si la cuisinière continuait à faire frire des pommes de terre qui sont déjà frites.*

Le déplacement, par l'Etat, de l'argent des particuliers s'appelle subvention ; *et comme l'Etat subventionne tout, il lui faut employer, pour faire son travail courant, un matériel aspiratoire important.*

Dans les pompes industrielles des marques les plus connues, le refoulement est réglé sur l'aspiration. La méthode étatiste présente cette originalité de commencer par régler le refoulement de sa pompe avant de s'inquiéter de son aspiration.

La pompe étatiste refoule des jus qu'elle aspire à des distances très variables du point de chute, mais il lui arrive aussi très souvent de refouler sur l'aspiration elle-même. Elle fait donc communément le travail que l'on réservait autrefois aux forçats et qui consistait à pomper de l'eau d'un puits très profond, pour la laisser retomber instantanément dans le même puits.

Le système de travail sans rendement n'est pas nouveau sous le soleil : il semble avoir été imaginé par Mme Ulysse, née Pénélope, qui vit le jour une trentaine de siècles avant Taylor, donc bien avant que M. Ernest Mercier ait pu songer à rationaliser le tissage ou la tapisserie.

Par un culte bien compréhensible du passé, le système Pénélope est pratiqué dans toutes les administrations étatistes, mais tout particulièrement dans celles qui relèvent de la défense nationale. Le système Taylor est exclusivement réservé aux entreprises non étatistes, qui sont, chacun le sait, l'exception.

L'Etat a une modeste fortune personnelle que M. de Fels surestime. Il possède des Palais Nationaux qui sont sans valeur marchande, des objets d'art, des casernes, des bâtiments à usage de bureaux, des forêts, des routes, des canaux, un réseau de chemins de fer, des fabriques de tabac, d'allumettes, de poudre, d'engrais, des arsenaux, et, en somme, tout un bazar de biens hétéroclites dont la valeur actuelle n'a aucun rapport avec le prix d'achat ou d'établissement.

L'inventaire de la société d'exploitation France et Cie, *serait orageux à établir, si l'on en chargeait les neuf cent vingt-six membres du Conseil d'Administration (députés et sénateurs) et les trente-quatre administrateurs délégués (ministres et sous-secrétaires d'Etat).*

En réalité, la vraie richesse de la firme France et Cie *est la fortune individuelle de ses quarante millions d'actionnaires, qui tous, sans une seule exception, engraissent la cagnotte.*

La contribution à la cagnotte s'appelle directe *pour ceux qui payent avec douleur et* indirecte *pour ceux qui payent sans douleur.*

Pour faire tomber soixante milliards par an dans la tirelire, il faut que le croupier n'ait pas en face de lui que des pontes décavés. Il paraît évident que les soixante milliards rentreront d'autant plus facilement que les affaires seront plus prospères. Un jour, le croupier eut la prétention d'absorber, en une fois, la plus grande partie de la mise de fonds des gros clients : il fit une opération qui ne pouvait avoir de lendemain et que l'on a baptisée « système merdelion ». (1)

(1) *Georges-Armand Masson : L'art d'accommoder les classiques,* voir à *Erio.*

Le croupier paraît tiraillé par des buts à première vue un peu contradictoires.

Sa consigne est de prendre le moins d'argent possible aux petits pontes (c'est ce que l'on appelle dégrèvement à la base) *et le plus possible aux gros pontes dénommés* puissances d'argent. *Une partie des membres du Conseil d'Administration serait même d'avis de faire sortir entièrement du jeu la moitié plus un des actionnaires, dénommés* majorité électorale. *La moitié moins un resterait pour alimenter la cagnotte.*

Mais alors, pour arriver aux mêmes soixante milliards, il faudrait augmenter la puissance d'argent des pontes non éliminés et c'est là où apparaît la contradiction, puisque les administrateurs qui veulent diminuer le nombre des pontes veulent en même temps amoindrir les facultés payantes de ceux qui restent.

On pourrait, il est vrai, demander à la cagnotte des sommes moindres, mais ce point de vue, qui, à en croire Necker, aurait pu procurer à Louis XVI une fin de carrière moins austère, n'a pas encore été pris en sérieuse considération.

Dans un but humanitaire et philanthropique, on demande, en France, beaucoup plus aux impôts sans douleur, qu'aux impôts douloureux et cela permet aux quarante millions de contribuables de rester dans le jeu, alors que beaucoup s'imaginent qu'ils n'en font plus partie.

Si nous avons parlé de la fortune individuelle des quarante millions de Français, nous nous sommes, encore une fois, mal exprimés.

Ce mot de fortune *a un sens possessif qui choque et qui ne correspond pas à l'état social du XXe siècle.*

En réalité, tout ce que l'on serait tenté d'appeler la fortune des Français, appartient à une puissance quelque peu mystérieuse, dénommée fisc. *Le fisc délègue à certains particuliers et sous certaines conditions, la gérance provisoire de certains biens.*

Le fisc fait partie de tous les conseils d'administration de toutes les entreprises, non pas avec simple voix délibérative, mais avec voix impérative. Partout où il est, il constitue à lui seul une majorité et, comme il est partout, son pouvoir est absolu.

Lorsqu'un particulier veut ouvrir une fabrique de boutons de culottes, s'il commence par acheter une machine à faire des boutons de culottes, ou par chercher des clients qui portent des boutons de culottes, c'est un homme perdu. Il faut, avant tout, qu'il traite avec le fisc, qu'il lui demande non pas son avis, mais ses ordres pour la façon d'organiser et d'installer sa société, son entreprise, sa comptabilité. Il ne pourra travailler que lorsqu'il aura appris à devenir lui-même un bon agent du fisc.

La puissance du fisc français est tout à fait

comparable à celle du Guépéou en Russie. En Russie, on ne peut rien entreprendre sans être agent des soviets. En France, on ne peut rien faire sans être sous les ordres du fisc.

En somme, le poste de commandement de toute l'économie nationale est établi sur un pic si bien choisi que, de son sommet, on peut embrasser, dans un immense panorama, toutes les branches de l'activité française. La casemate du poste défie tous les assauts et tous les assaillants. Le point de vue ne saurait se comparer à rien : c'est le point de vue fiscal.

Le fisc gère lui-même, sans aucune intervention étrangère, un certain nombre d'entreprises que nous appelons étatistes pures : *telles sont les fabriques d'allumettes et de tabac, les postes, télégraphes et téléphones, les arsenaux de la marine et un réseau de chemins de fer.*

Il gère, en collaboration de ses gens de maison, des cuisines que l'on appelle offices nationaux *et, avec ses adversaires, des* concessions.

La variété des exploitations semi-étatistes *est immense et s'étend sur toutes les branches du commerce et de l'industrie : gaz, eau, électricité, chemins de fer, distilleries, mines, etc... etc... Il dirige, d'une façon occulte, le petit reste de notre activité.*

La gérance directe du fisc s'appelle nationalisation.

Il faut cependant reconnaître que, jusqu'ici,

un métier a paru échapper à l'emprise fiscale : c'est celui des parents pauvres, ou agriculture.

A première vue, il n'est pas plus difficile de faire pousser du blé à Grignon que de fabriquer du sulfate d'ammoniaque à Toulouse. Seulement, lorsque l'Etat investit six cents millions de francs consolidés pour transformer la poudrerie de Toulouse en chantier national improductif, il peut limiter sa perte au capital investi, alors que, pour étatiser l'agriculture française, il faudrait disposer par an d'un nombre de milliards impressionnant et aléatoire.

C'est donc la grandeur de l'entreprise et la difficulté de trésorerie qui nous empêchent, pour le moment, d'avoir le pain gratuit.

On appelle gratuit *un service ou une marchandise payé en gros par le refoulement d'une partie des soixante milliards aspirés.*

On appelle service non gratuit *celui qui est payé en détail par les usagers.*

Pour donner gratuitement à tous les Français du pain valant deux francs le kilo, à raison de cinq cents grammes par jour et par tête d'habitant, il faudrait pomper quarante millions par jour (dimanche compris), soit, grosso modo, *quinze milliards par an. Sans compter les frais de bureaucratie qui sont peu commensurables, il faudrait donc faire traverser les caisses publiques par soixante-quinze milliards par an au lieu de soixante et cette belle œuvre, que nous livrons aux méditations des chercheurs de nouveautés, nécessiterait peut-être un petit instant de réflexion.*

Comme nous planons maintenant au-dessus de cette misérable Ecole gratuite que l'on nous promet pour cinquante-huit malheureux petits millions par an. Poussière de poussière !

Quoi qu'il en soit, le prochain assaut ne pourra être dirigé que contre l'agriculture, puisque c'est la seule proie que le fisc n'ait pas encore étouffée de ses embrassements.

La main-morte des congrégations (si nuisible à la santé de la nation), n'était que jeu d'enfant à côté de ce que nous réserve la stérilisation fiscale de nos entreprises.

La grande différence entre la production de l'Etat et celle des particuliers est que l'Etat ne connaît ni capital investi, ni prix de revient.

Lorsque l'Etat achète les stocks de guerre américains, en 1919, pour quatre cents mililons de dollars à sept francs, payables dans dix ans avec 5 % d'intérêts, et lorsqu'il tire péniblement de la vente des stocks l'argent nécessaire pour payer seulement les intérêts de la somme due, il arrive, avec une mise de fonds de moins de trois milliards à en perdre dix, ce qui est beaucoup plus beau que l'affaire de l'azote ammoniacal de Toulouse, où, avec six cents mil-

lions de capital, il n'a perdu que six cents millions.

***

Nous pensons qu'une étude minutieuse de la bureaucratie actuelle pourrait servir à nos successeurs qui voudraient connaître l'état social dans lequel auront vécu leurs ancêtres du XXe siècle.

On nous a enseigné, dans notre enfance, le mégalithique et le néolithique, l'âge de pierre et l'âge du fer; nous avons étudié les siècles de Périclès et de Louis XIV : nos descendants devront apprendre, dans l'Histoire de la France, l'âge de la bureaucratie et le siècle du contentieux.

Qu'ils nous envient ou qu'ils nous plaignent d'avoir été les animateurs de cette époque fameuse, peu nous importe aujourd'hui. Notre rôle se borne à leur laisser des documents véridiques et indiscutables : c'est pourquoi nous avons entrepris cette étude expérimentale de la Bureaucratie.

Ce livre n'est pas un roman : c'est un recueil de faits.

Si je me résigne à employer, au cours de mon récit, ce moi *qui est, je le sais, haïssable, c'est pour donner un tour plus vivant aux expériences que je cite : il est entendu que ce* moi *n'implique pas ma personnalité.*

Ce moi *c'est tout le monde. Ce* moi, *c'est* toi, *ami lecteur. Ce que je décris, tu l'as vu, tu l'as connu, tu l'as entendu : avoue que c'est ta vie de tous les jours !*

Mes luttes avec M. Lebureau

I

LE PLACEMENT DES ALIÉNÉS

Mon père était un grand savant qui avait fait, en physiologie, des travaux remarquables : c'est dire que la méthode expérimentale lui était familière. Il l'appliquait volontiers aux actes de la vie courante.

Pour comprendre cette petite histoire, il est nécessaire d'ajouter que, à l'époque où elle s'est passée, mon père était très jeune conseiller général et candidat éventuel à un siège de député.

Nous passions tranquillement nos vacances dans la vieille propriété familiale quand, un matin, ma mère vint annoncer à mon père que, dans la nuit, la cuisinière Frédérique était devenue folle.

Mon père ne se mêlait pas volontiers des choses du ménage, mais, devant la gravité de l'événement, il consentit à intervenir.

Il monta dans la chambre de la cuisinière, qu'il trouva en train de faire des ablutions si copieuses que l'eau, traversant plusieurs couches de planchers et de plafonds, ruisselait jusque dans le salon. La folle avait monté dans sa chambre ses couteaux de cuisine dont elle menaçait quiconque voudrait l'entraver, sauf cependant mon père, qu'elle consentait, par privilège spécial, à ne pas traiter en ennemi.

Après plusieurs jours, la situation ne s'étant pas améliorée, mon père se décida, à raison des dangers que couraient son mobilier et ses enfants, à essayer de faire interner la folle dans l'asile d'aliénés d'Auxerre. Il fit des démarches et des certificats, s'aboucha avec le Maire de la commune et avec la Préfecture de l'Yonne, mais les papiers n'étaient jamais en règle et l'exaltation de la pauvre femme grandissait de jour en jour.

Alors, un matin, mon père fit atteler, avant l'aurore, ses meilleurs chevaux (l'automobile n'existait pas en ce temps-là) et partit en voiture, avec la cuisinière folle, pour Auxerre.

Il arriva tard à la Préfecture : les bureaux étaient fermés, mais le Préfet le reçut immédiatement.

Un Préfet est, comme chacun sait, celui des fonctionnaires de la République qui est le moins propriétaire de son emploi. Il doit obéir à ses maîtres actuels, tout en ménageant ses maîtres futurs, ce qui l'oblige à consacrer au calcul des probabilités électorales une grande partie de son temps.

Un élu du département, conseiller municipal, maire ou conseiller général, peut très bien se rendre compte de ses futures chances électorales par l'accueil qu'il reçoit du Préfet.

Mon père, je l'ai dit, fut introduit immédiatement. Le Préfet s'inclina devant lui à quarante-cinq degrés, ce qui était plus qu'honorable. Il ne pouvait prétendre aux quatre-vingt-dix degrés qui sont réservés aux ministres en exercice et au vénérable de la loge maçonnique ; il valait plus, c'est entendu, que les vingt degrés que l'on accorde au maire de campagne sachant lire et écrire ; mais quand on songe que le vieux conseiller général, qui ne se représente pas, ne vaut que la réception par le chef de cabinet du Préfet, que le conseiller municipal sans avenir et le sapeur-pompier ne valent d'être reçus que par l'huissier de la Préfecture, on conviendra qu'une inclinaison à quarante-cinq degrés, l'introduction immédiate dans le cabinet du Préfet, le fauteuil en molesquine avec coussin, constituaient une réception très flatteuse.

Après les compliments d'usage, et à raison de l'heure tardive, on aborda rapidement la question.

« Je pense, dit le Préfet, que vous venez me « voir pour l'internement de votre cuisinière

« folle, au sujet de laquelle nous correspondons « depuis quinze jours ? ».

Mon père fit comprendre, par un geste de tête, que tel était bien l'objet de sa visite.

« C'est très difficile, continua le Préfet, et je « crains même que nous n'aboutissions pas, « car il n'est pas certain que votre cuisinière ait « son domicile de secours dans l'Yonne et le « dossier est loin d'être complet. » Puis le Préfet énuméra les dispositions réglementaires qui n'étaient pas satisfaites.

« Avez-vous des enfants, demanda mon père « au Préfet, et, dans ce logement en garni de la « Préfecture, avez-vous des bibelots à vous ? »

« Oui, répondit le Préfet, j'ai deux jeunes en- « fants et beaucoup de mobilier personnel. »

« Alors, répliqua mon père, mettez-vous à ma « place. Que feriez-vous si vous aviez chez vous, « dans votre maison, une cuisinière folle, dan- « gereuse pour vos enfants et votre mobilier ? »

« Mais, dit le Préfet, je me mettrais en règle « avec les lois et règlements : je fournirais, pour « le dossier, toutes les pièces qui manquent. » Et il se mit à les énumérer à nouveau.

« C'est possible, répliqua mon père, et c'est « même très facile à vérifier, car vous êtes, en « ce moment, exactement à ma place. J'ai « amené avec moi la cuisinière folle que j'ai « laissée dans votre antichambre sous la sur- « veillance de mon cocher. Je repars avec mon

« cocher. Vous ferez de la folle ce que vous vou-
« drez. J'ai bien l'honneur de vous saluer. »

Un quart d'heure après, la cuisinière folle était conduite à l'asile d'aliénés d'Auxerre. Elle y vécut plusieurs années et y termina ses jours sans avoir jamais recouvré la raison.

La morale de cette histoire est d'une simplicité enfantine. Il faut toujours mettre les gens en face de leur intérêt personnel. Mon père s'était assuré que le Préfet avait des enfants et du mobilier : son entreprise devait réussir.

On croit communément qu'il est difficile d'aboutir avec les administrations de l'Etat. C'est plus facile qu'on se l'imagine, quand on a la manière, et je proclame, à la gloire du département de l'Yonne, que rien n'est plus simple que de faire interner une folle dans l'asile d'aliénés d'Auxerre.

II

MON PERCEPTEUR ET MON RECEVEUR DES FINANCES

Lorsque j'entrai en possession de ma propriété de campagne, le 28 août 1919, par un acte notarié et, bien entendu, enregistré, ma mère, qui me l'avait donnée, continua à recevoir les feuilles de contributions.

Je protestai auprès du percepteur qui ne répondit pas : ma mère renvoya les feuilles sans plus de succès et, pendant trois ans, mon percepteur ignora mon adresse pour les avertissements et ne la découvrit que pour les sommations.

Tout le monde est dans le même cas. Il y a des difficultés presque insurmontables, lorsque l'on vend un immeuble, à éviter de recevoir encore, pendant dix ou vingt ans, la paperasse fiscale de l'immeuble vendu.

Après trois années de réclamations,je m'aperçus que je ne trouverais jamais le fonctionnaire pouvant me donner satisfaction.

Lorsque l'administration enregistre un acte, elle fait un extrait pour la mutation. Cet extrait doit aller au contrôleur, qui doit le remettre au percepteur. Le percepteur fait une tournée annuelle de mutations dans chaque commune et doit opérer en présence des intéressés. Naturellement, les intéressés ne sont jamais là ; car ils ne passent pas leur temps à la porte de la mairie à le guetter et ils ne sont pas prévenus personnellement.

Le percepteur peut faire la mutation d'office ; mais cette opération doit être confirmée par le contrôleur des contributions directes, qui fait une tournée de mutation derrière lui et qui doit opérer en présence de cinq répartiteurs.

Dans ces multiples rouages, il y en a toujours un qui grippe. Il est parfaitement égal au percepteur que les avertissements arrivent à bonne ou mauvaise destination, d'autant plus que ce n'est pas lui, mais le contrôleur, qui les libelle.

Lorsque les intéressés ne sont pas là, ce qui est le cas général, le percepteur trouve moins fatigant de remettre à l'année suivante, plutôt que d'opérer d'office ; ou bien encore, le contrôleur ne ratifie pas, de peur de se tromper et d'années en années les choses restent en l'état.

Quand on réclame en haut lieu, on apprend, comme il fallait s'y attendre, que tout est de la

faute du client : « L'article 36 de la loi du 3 fri-
« maire an VII, dispose que les mutations sont
« faites à la diligence de l'intéressé. »

J'ai toujours pensé qu'il faut se mettre à l'unisson des gens avec lesquels on traite les affaires.

J'avais acheté une rame de papier vert et, lorsque le percepteur m'envoyait des missives de cette couleur, je pensais lui être agréable en lui rétorquant des réponses de même teinte.

Mon style était calqué sur le sien.

Sommation à Monsieur le Percepteur, d'avoir, dans les cinq jours, à envoyer à mon adresse les factures qui me sont destinées, etc...

Mes plis étaient fermés dans le genre des siens, par un papier gommé pris en marge d'un timbre-poste (je n'ai pas toujours sous la main un timbre d'un centime) ; ils portaient la mention « date de la poste » et se terminaient par la même absence de salutations.

Rien n'y fit. Tel le nègre, le percepteur continua.

Je décidai alors de rompre les relations avec ce bureaucrate qui exagérait et je pris le parti d'envoyer directement au Ministre des Finances toutes sommes dont je serais redevable à l'Etat.

Ce système donna un bon résultat. Le Ministre des Finances accepta mes chèques et en accusa réception. Evidemment, il les transmit à mon percepteur pour être inscrits à mon compte ; mais il est à supposer qu'il pria son subordonné de faire cesser cette plaisanterie ; car, par la suite, mes feuilles me parvinrent régulièrement.

La manière forte avait été seule efficace pour obtenir les mutations désirées.

Mes relations avec le percepteur furent donc rétablies : on croira sans peine qu'elles n'étaient pas cordiales.

Par la suite, ce fonctionnaire crut trouver une merveilleuse occasion de gagner une manche sur moi et il m'écrivit une lettre grossière à la suite d'un incident assez drôle.

Je lui avais envoyé un chèque. Lorsqu'il l'avait présenté, le comptable de la banque lui avait répondu qu'il n'y avait pas provision, d'où sa lettre d'injures.

Je téléphonai à la banque pour demander des explications. Après rapide enquête, le directeur de l'agence trouva le coupable. C'était un tout jeune commis, embauché la veille, qui s'était trompé de page en consultant ses livres et qui avait confondu un autre compte avec le mien. Le directeur m'offrait de renvoyer immédiatement l'employé fautif d'une erreur aussi grave.

Je lui répondis de n'en rien faire ; car je n'avais subi aucun préjudice. « Avec un client « ordinaire, cela m'aurait ennuyé : mais le per« cepteur est le seul client que je ne puisse pas « perdre. »

Heureux de mon indulgence, le commis m'envoya une très belle lettre d'excuses que je transmis au percepteur avec cette annotation : « un employé de banque peut se tromper comme « un simple percepteur ; le style seul diffère ».

Nous vivions sur le pied de paix désarmée, toujours sans nous être jamais vus, lorsque je trouvai sur mon bureau, le 10 avril 1925, une curieuse circulaire du percepteur.

On se rappelle qu'à cette époque, les caisses de l'Etat commençaient à se vider. Le fisc avait constamment besoin d'argent pour la fin du mois.

On n'était pas encore arrivé au point culminant qui se révéla le 22 juillet 1926, jour où M. Moreau, Gouverneur de la Banque de France, écrivit à M. Caillaux, Ministre des Finances, qu'il n'avait plus en caisse que soixante millions pour finir la journée et qu'il ne promettait pas d'ouvrir ses guichets le lendemain, si l'on ne lui procurait pas de fonds dans le courant de la nuit.

En 1925, par suite du retard du vote du budget et de la complication croissante des impôts votés, les rôles ne commencèrent à arriver aux contribuables que fin mai.

Pour éviter la banqueroute en avril, M. Clémentel, Ministre des Finances, offrit à ses clients une remise anticipée de 5 % sur les impôts qu'ils payeraient avant réception des avertissements en achetant des chèques-contributions créés par la loi du 2 mars 1925 et le décret du 13 mars suivant.

La circulaire du percepteur qui m'était destinée, avait été envoyée au Maire de la commune pour m'être portée ; car la mettre à la poste à mon adresse eût été trop simple. Elle m'était adressée sans enveloppe et sans même le petit bout de papier gommé en guise de fermeture et disait en substance : « Vous avez payé en 1924 *x* francs de contributions, je tiens à votre disposition pour 1925, *y* francs de chèques-contributions. »

Comme je n'habite pas précisément en face de la mairie, j'évite au garde champêtre des kilomètres inutiles en prenant, comme agents de liaison, les enfants qui vont tous les jours à l'école et qui transportent dans les deux sens les innombrables paperasses que je suis obligé de recevoir et d'envoyer.

Les enfants reçurent du secrétaire de Mairie, qui est en même temps leur instituteur, la circulaire du percepteur ; ils la donnèrent à la bonne de la ferme qui la déposa sur mon bureau.

Tout le monde pouvait donc savoir ce que j'avais payé l'année précédente comme impôt sur le revenu, puisque mes avertissements fonciers et autres, englobés dans le total de x francs, m'arrivent à découvert. Une simple soustraction suffisait pour être renseigné.

Au fond, cela m'était parfaitement égal ; mais il était intéressant d'étudier le cas, puisqu'il est admis que l'impôt sur le revenu payé par les contribuables ne doit pas être divulgué.

J'envoyai la circulaire à mon avoué, lui expliquai l'affaire et le priai de poursuivre le percepteur en réparation du dommage causé.

Comme je ne pratique pas les traquenards en usage dans l'administration fiscale, j'avais chargé l'avoué d'avertir l'intéressé avant d'engager l'action.

Le percepteur s'alarma et prévint le receveur des finances, qui est son chef direct, de la tuile qui le menaçait.

Le receveur des finances bondit chez l'avoué pour lui demander si j'étais intraitable ou si l'on pouvait négocier avec moi. Sur les conseils de l'homme de loi, il me demanda un rendez-vous par téléphone et fit vingt-sept kilomètres pour venir me trouver.

Il reconnut la faute de son subordonné et m'exposa que, par contre-coup, elle lui attirerait des ennuis.

Je répondis au receveur :

« Les ennuis que vous pourrez avoir ne m'in-
« téressent pas, pour la bonne raison qu'ils sont

« insignifiants par rapport à ceux que votre
« administration nous inflige tous les jours.

« Aujourd'hui, vous vous dérangez pour venir me voir parce que votre tranquillité et « votre intérêt personnel sont en jeu. Pour une « affaire de service qui n'intéresserait que moi, « vous ne viendriez certainement pas, ni vous, « ni votre percepteur.

« Cependant la question n'est pas là, et c'est « vous-même qui trancherez la question qui « vous amène.

« Ou bien votre percepteur est un méchant « qui a cherché à me nuire et alors je le pour- « suis ; ou bien il est un imbécile et alors je « suis désarmé. On ne poursuit pas un imbé- « cile. »

Le receveur déclara :

« Je connais mon percepteur et je vous « affirme que ce n'est pas un méchant : je « prends note de votre désistement .»

L'affaire fut donc classée.

Le receveur m'avait surpris ; car il avait méconnu la force qui rend la bureaucratie invulnérable et qui est la force d'inertie.

Mon avoué m'avait dit :

« Vous avez raison au fond ; mais nous n'ar- « riverons à rien ; car jamais je ne trouverai la « juridiction compétente pour plaider le procès « que vous me demandez d'engager.

« Le percepteur a-t-il agi comme particulier,

« sous son initiative propre, ou comme fonc-
« tionnaire ?

« Les tribunaux pour particuliers me renver-
« ront devant ceux pour fonctionnaires. Les
« tribunaux pour fonctionnaires me renverront
« devant ceux pour particuliers. C'est si com-
« mode de se déclarer incompétent !

« Il faudra aller devant la Cour de Cassation
« ou devant le Conseil d'Etat et, probablement,
« au Tribunal des Conflits pour obtenir l'attri-
« bution d'une juridiction. La vie d'un homme,
« fût-il avoué, ne suffira pas pour en sortir. »

Je reconnais que, pour plaider contre un fonctionnaire, il faut être fou ou milliardaire. J'avoue maintenant que je n'ai jamais eu cette intention-là.

J'ai voulu étudier un receveur des finances ; mais je donne comme anormal celui que j'ai vu. Il croyait qu'un fonctionnaire peut avoir des ennuis quand il fait du tort à un particulier.

C'était un naïf.

III

MON RECEVEUR BURALISTE

Les agents chargés de pomper l'argent des contribuables sont nombreux et variés.

Il y a, en principe, dans chaque commune rurale, un receveur buraliste ; dans chaque canton un percepteur, un receveur des contributions indirectes et un receveur de l'enregistrement.

Les Etats-majors siègent dans les Préfectures et sous-Préfectures.

La recette buraliste se confond avec le bureau de tabac dans les petites communes ; mais il faut distinguer entre la théorie et la pratique.

Une petite recette buraliste est une prébende ou une récompense nationale que l'on donne, le plus souvent, à des veuves de fonctionnaires civils ou militaires. Les titulaires ne sont pas obligés de gérer eux-mêmes leurs bureaux : ils peuvent l'affermer à une personne agréée par l'administration.

Le bureau peut comporter le tabac, la régie des boissons, les poudres, les plaques de bicyclettes, le papier timbré et différents autres articles ; mais il arrive aussi qu'un bureau ne fasse pas tout et repasse, par exemple, les plaques de bicyclettes à l'épicier et le tabac au marchand de vin. S'il refuse de faire le papier timbré et les poudres, il peut ne garder que la régie.

Il y a, paraît-il, des bureaux qui ne comportent que le tabac ; mais il est difficile de définir une organisation qui opère avec une telle diversité de modalités.

Quoi qu'il en soit, le titulaire d'une recette buraliste est en général invisible et le public n'a en face de lui qu'un locataire ou gérant.

Lorsqu'une recette buraliste fait plus de six cents affaires de régie par an, elle est dénommée de première classe et son titulaire devient un vrai fonctionnaire appointé au mois.

Lorsqu'une recette buraliste fait moins de six cents affaires de régie par an, la rémunération du bénéficiaire se fait par des remises, ou, comme l'on dit en langage administratif, au prorata des timbres perçus. De un à cent timbres, l'administration alloue quarante centimes par timbre ; de cent à trois cents, vingt-huit centimes ; et ainsi de suite en diminuant.

Dans ma commune, le tenancier de la recette

buraliste est le locataire d'une veuve de guerre, pour quatre cent soixante-quinze francs par an. Il fait, en moyenne, sept cent soixante-dix francs d'affaires au titre de la régie, sur lesquels il touche une commission de cent cinquante francs, soit environ vingt pour cent.

Il fait le tabac et les plaques de bicyclettes, mais pas les poudres ni le papier timbré. Il est, de ses autres métiers, épicier, cordonnier et facteur suppléant.

Dans la commune voisine, la recette buraliste ne comporte que le tabac : elle est louée au marchand de vins.

Dans mon chef-lieu de canton, le receveur buraliste est un fonctionnaire au mois : il ne fait que la régie. C'est un militaire retraité, qui est entré à cinquante-deux ans dans l'administration des finances : il n'a donc pas sucé en nourrice le lait administratif ; c'est un *outsider* des cadres et sa compétence est forcément limitée ; car les apprentissages qui commencent au déclin de la vie produisent rarement des as.

Autrefois, il n'y avait que les militaires qui pouvaient prendre leur retraite à la fleur de l'âge. Les sous-officiers rengagés quittaient l'armée assez jeunes pour pouvoir encore entreprendre une carrière civile et y rendre des services.

Aujourd'hui, les administrations civiles donnent des retraites précoces, ce qui oblige leurs retraités à changer de Ministères quand ils veulent gagner leur vie. Dans leurs nouvelles fonctions, ils sont auxiliaires, mais font exactement le même travail que les titulaires de l'emploi.

Un cheminot retraité peut faire un facteur auxiliaire et un facteur retraité peut devenir cheminot auxiliaire : c'est un chassé-croisé qui n'améliore pas les rendements.

Mais ce sont surtout les administrations départementales et communales qui absorbent les forces que la retraite rend disponibles ; car elles ne partagent pas les vues de l'Etat sur la sénilité précoce.

Les rentiers de l'Etat qui ne reprennent aucun service sont un poids mort pour la société parce que, repliés sur eux-mêmes, ils sont en état permanent de sous-consommation et de sous-production, ce qui est le contraire de ce qu'il faut pour assurer la prospérité d'un pays qui souffre de la pénurie de main-d'œuvre.

Je considère que c'est une calamité pour ma commune rurale, lorsque les petits rentiers de l'Etat viennent s'y installer, en achetant les rares maisons disponibles qu'ils enlèvent aux ouvriers producteurs. Le commerce local partage mon avis. Quand j'achetais des maisons ouvrières, je mettais toujours des enchères contre les rentiers et jamais contre les travailleurs.

D'ailleurs, tout s'enchaîne et l'on peut dire que la pénurie des bonnes d'enfants tient, en grande partie, au nombre immense des pensionnés de l'Etat des deux sexes, pensionnés civils ou pensionnés de guerre.

Un pays, qui nourrit des fonctionnaires de contrôle et de paperasse par centaines de mille et des rentiers par millions, manque forcément de bras pour l'industrie, l'agriculture et la popote : il doit faire appel à la main-d'œuvre étrangère ou travailler au ralenti.

Mon receveur buraliste est toujours noyé dans la boisson.

On sait que les aliments solides, réputés non cristallisables, circulent librement sur les routes jusqu'aux portes de certaines villes importantes.

Le sucre, par quantités supérieures à cinquante kilos, ne voyage qu'avec une sorte de pedigree, établi par les agents de l'Etat qui vivent dans les sucreries et raffineries, de façon que l'acheteur en gros n'ait qu'à remettre les papiers d'origine au receveur buraliste du point d'arrivée.

Les aliments liquides sont soumis à un régime tellement compliqué que sa description nécessiterait tout un volume.

Bornons-nous à soulever, par la méthode expérimentale, un tout petit coin du voile qui enveloppe le mystère des boissons.

Ayant une ferme et un pommier, je suis cultivateur récoltant. J'ai le droit de fabriquer mon cidre sans payer ni patente, ni droit de régie.

Ce pommier ne fournissant pas assez de jus pour remplir mes tonneaux, l'idée peut me venir d'acheter des pommes de complément.

Si je suis en Bourgogne et que j'achète des pommes sur wagon en Normandie, je payerai les droits calculés sur la quantité présumée de jus qu'elles pourront exprimer ; mais si j'utilise les pommes de mon voisin, je peux lui louer ses arbres au lieu de lui acheter ses fruits et, alors, je presse ma récolte, ce qui, au point de vue fiscal, est tout différent.

Je peux ne louer les arbres que pour cinq minutes, juste le temps de les secouer, pourvu qu'il y ait un bail enregistré.

Si les pommes de ma récolte sont pressées chez moi, pour mon usage personnel, le fisc me fait l'honneur de m'ignorer; mais si, pour le mettre en cave, je suis obligé de traverser une voie publique, je passe un instant sous son contrôle.

Il me faut alors chercher un permis de circulation, ou laissez-passer, qui coûte cinquante centimes papier (dix centimes-or) et que je n'obtiens qu'en indiquant le nombre de tonneaux, la quantité exacte du liquide à transporter, l'heure de départ et l'heure d'arrivée.

Ce papier m'est délivré par le receveur buraliste qui n'habite pas toujours en face de chez moi et qui, exempt de la loi de huit heures, doit être à ma disposition entre le lever et le coucher du soleil.

Je compte que, lorsque l'Etat a encaissé mes cinquante centimes, il m'a fait en moyenne dix francs de frais, soit deux mille pour cent.

Si, au moment de charger ma voiture, un incident quelconque m'oblige à remettre l'opération au lendemain, tout est perdu : il faut recommencer.

En pratique, je ne vais jamais chercher le laissez-passer pour traverser la rue et personne ne me l'a jamais demandé. J'encours une contravention suivie d'un procès et d'une amende, mais les frais du procès ne coûteraient pas plus d'argent que celui que j'ai économisé en employant, ailleurs que dans le bureau du receveur buraliste, mon temps et celui de mes employés. Ne pas chercher le laissez-passer pour traverser la rue, est, comme disent les Américains, une opération payante.

Si je veux vendre à un de mes ouvriers habitant une de mes maisons ouvrières un hectolitre de cidre, je fais transporter, d'une de mes caves dans une autre de mes caves, le précieux liquide.

J'ai le droit d'encaver dans un quelconque de mes locaux, moyennant légalement cinquante centimes de laissez-passer. Mais si je vends, je dois les frais de régie qui sont de sept francs cinquante l'hectolitre.

Comme je ne suis pas commerçant, puisque je ne vends que ma récolte, le fisc n'a pas le droit de visiter mes caves et s'il me demande ce qu'est devenu le cidre que j'ai fait transporter dans une de mes maisons ouvrières, je peux lui répondre, jusqu'à la fin des siècles, qu'il y est toujours.

Cependant, pour éviter à mon salarié des chicanes avec la régie, il est prudent de lui attribuer l'hectolitre gratuitement, à titre d'avantage en nature, quitte à lui donner pour ce mois-là un salaire différent de celui des mois sans cidre.

Comme on ne me conteste pas le droit d'avoir des ouvriers logés, chauffés, éclairés, nourris ou abreuvés, une autre méthode serait de dire à l'ouvrier de manger chez lui et de boire chez moi ; mais ce procédé est inférieur au précédent, tout au moins au point de vue digestif.

Lorsque le transport se fait à travers champs ou par des chemins ruraux, non reconnus, je n'ai pas besoin de laissez-passer. Le danger ne commence qu'avec les routes empierrées.

Si je transporte de ma cave de la campagne dans ma cave de Paris, je dois, paraît-il, les droits de régie à sept francs cinquante l'hectolitre, parce que je dépasse le rayon de franchise qui ne me permet pas, pour cinquante centimes, de sortir de mon canton ou du canton limitrophe. Cependant, il arrive que la question soit résolue d'une façon ou d'une autre, suivant les différents receveurs buralistes de ma région et, comme je ne suis pas absolument obligé d'opérer avec celui de ma commune, je peux tomber sur un receveur buraliste un peu fatigué ou qui n'a jamais vu ce cas-là.

Si j'expédie mon cidre par chemin de fer, son pedigree accompagne la feuille de transport. Le fût subit, dans le voyage, ce que l'on appelle le *creux de route.*

Ce phénomène est dû à un manque d'étanchéité que les uns supposent localisé entre les douves des futailles mal cerclées et les autres dans le gosier de quelques cheminots.

Pour éviter le creux de route, il est avantageux, lorsque les circonstances le permettent, de procéder au transport direct ; d'une cave à l'autre, par des moyens privés : camion ou camionnette.

Comme il n'est pas pratique d'aller à Paris à travers champs et que le camion ne peut raisonnablement emprunter que les routes empierrées, le cidre circulant tombe sous le contrôle des employés de la régie d'une foule de circonscriptions fiscales et doit pouvoir prouver, en tous temps et en tous lieux, qu'il est en règle avec les lois.

Pour obtenir le permis de circulation sur grandes routes, il faut faire les mêmes formalités que pour traverser la rue, mais indiquer, en plus, l'itinéraire suivi.

Le receveur buraliste n'accepte ma déclaration que le jour du départ, pour respecter, dit-il, autant que possible, l'ordre chronologique dans les détachements de son livre à souche. C'est son point de vue ; mais le mien serait de pouvoir profiter d'un passage devant sa porte pour régler mes affaires avec lui, au lieu d'être astreint à un dérangement spécial. Cependant, si je déclare vouloir partir avant le lever du soleil, il accepte, par complaisance, que je vienne chercher mes papiers au crépuscule de la veille.

Je dois dire qu'il n'est pas toujours prudent de s'y prendre trop tôt : il m'est arrivé que, par suite d'une chute de neige, un départ préparé le samedi soir n'ait pu avoir lieu le lundi matin : il a fallu recommencer toute la paperasse.

Si le camionneur couche en route par suite de panne, de mauvais temps, de longueur du trajet, ou pour faire d'autres commissions, il doit faire viser ses papiers par le receveur buraliste de la localité où il doit passer la nuit.

Que doit-il faire s'il arrive après la fermeture du bureau et qu'il veuille repartir avant l'ouverture ? Ou le samedi ? Mon receveur buraliste ignore si le cas est prévu au règlement.

Avec les receveurs buralistes des communes rurales, très peu compétents pour les raisons de recrutement que j'ai indiquées, les chances sont minimes d'obtenir des papiers qui puissent plaire aux vieux routiers de la régie.

Quoique le gabelou de la capitale ne regarde, en général, que d'un œil vague la paperasse qu'on lui remet, il est cependant prudent, lorsqu'on entre un tonneau de cidre dans Paris par ses moyens de transport personnels, de ne pas pratiquer la porte de Bercy qui est, comme chacun sait, la plus fréquentée par les marchands de vins, donc la plus compétente en cette matière.

Les portes du bois de Boulogne sont plus indiquées; là, au moins, on est sûr que le gabelou n'y connaît rien.

* * *

Un jour, je fis entrer par une des portes de Paris, que j'appellerai alimentaire, un cochon de lait vivant. Cela m'occasionna de grosses difficultés.

J'appris, ce jour-là, que les abattoirs de la Villette ont un monopole que nul n'a le droit de transgresser. Sur notre bonne mine, on nous laissa entrer ; mais mon cochon reçut un *bon* pour aller se faire abattre à la Villette.

Ce *bon* fut classé dans mon panier à papier et le cochon saigné chez moi, par mes soins, aucun charcutier du quartier n'ayant osé prendre sur lui de pratiquer l'opération. Nous n'avons la permission de tuer à domicile que la volaille et les lapins de choux.

Un autre jour, j'appris que je n'avais pas le droit, non plus, d'entrer un gigot de mouton d'une bête tuée chez moi, destinée à mon usage exclusif, aucune viande non contrôlée ne devant franchir l'octroi.

Mais le gabelou ajouta : « Quand vous entrez « de la viande, déclarez donc du saindoux. Vous « serez plus tranquille, et moi aussi. »

Le gabelou était bon enfant, mais il aurait pu ne pas l'être.

Aussi, je conseille au lecteur, qui voudrait introduire dans Paris des denrées alimentaires sujettes à discussion, de ne pas jouer la difficulté en essayant de franchir les barrières de Bercy ou de la Villette, puisqu'il est si commode de passer par les portes de luxe, comme Boulogne ou Auteuil, où les cochons à quatre pattes sont inconnus.

*
* *

Une autre fois, je fus en relations avec plusieurs receveurs buralistes ; mais l'affaire est si pénible à raconter que, pour ne pas trop impressionner le lecteur, je me crois obligé, exceptionnellement, de l'arranger un peu.

Je dois expliquer, d'abord, que la ferme que j'exploite est en bordure d'une route très fréquentée et que, par conséquent, le massacre de la volaille par les automobilistes est un accident journalier.

Pour essayer, dans la mesure du possible, de limiter les dégâts, j'ai mis, sur le terre-plein d'entrée, une pancarte ainsi conçue :

AUTOMOBILISTES

ATTENTION !

Pas d'arrêté municipal

Vous pouvez tuer la poule mais la poule peut vous tuer

Par une malice que je croyais opérante, j'avais fait peindre la dernière ligne en tous petits caractères, pensant que les automobilistes, alléchés par l'imprévu du début, ralentiraient pour lire la suite.

Hélas ! Parmi les usagers de la route, il y eut beaucoup d'habitués : leur curiosité, déjà satisfaite, n'était plus à éveiller et le massacre de la volaille continua.

Parmi ces tueurs de poules, un motocycliste passa qui donna raison à mon pronostic.

La volaille le fit capoter de si triste manière qu'il gisait ensanglanté dans le fossé quand je vins à sortir. Sa moto avait une roue en accordéon.

Il m'expliqua — fatal aveu — qu'il était employé de l'enregistrement et me demanda de faire atteler une voiture et un cheval pour le mener à la gare, distante de quatre kilomètres, avec les débris de sa moto. Il offrait de payer les frais de transport, ce que je trouvai juste et naturel.

Dans une ferme, les chevaux, voitures et charretiers ne manquent pas : le désir du blessé était facile à satisfaire. Mais, comme tout citoyen conscient qui va faire quelque chose, je commençai par me poser cette question : « Que pensera le fisc ? »

Je priai mon client occasionnel de saigner doucement et de patienter un peu, le temps que j'aille, en auto, consulter le receveur buraliste de ma commune.

Ce pseudo-fonctionnaire ne put pas me dire si les transports payants hippomobiles sont soumis à une taxe. Il avait en sa possession une quarantaine de registres, dont aucun ne parut pouvoir émettre une fiche concernant cet objet. Il avouait qu'il n'y connaissait rien et me conseillait d'aller voir son collègue du chef-lieu de canton, qui devait être plus au courant.

Je fis donc en quatrième vitesse les sept kilomètres nécessaires pour trouver ce superfonctionnaire plus calé.

Celui-là avait soixante volumes, dont une vingtaine n'avaient jamais servi depuis son entrée en fonctions, qui ne datait que d'un an. Il fit appeler son prédécesseur retraité qui habitait à l'autre bout du village et qui lui découvrit, dans sa pile de registres, le numéro 24 B, intitulé « *Voitures publiques, service accidentel.* » Il se rappelait en avoir détaché une souche en 1921 : il suffisait de secouer neuf ans de poussière pour me donner satisfaction.

Si j'avais demandé le numéro 18 sur la capacité des grands tonneaux, j'aurais eu l'honneur d'étrenner celui qui n'a jamais été ouvert.

L'instruction portée sur la couverture du fascicule 24 B, était très claire :

« Tout individu, voulant faire un transport à « titre onéreux, par chevaux et voitures, doit « payer, en conformité de l'article 11 de la loi « du 20 juillet 1837, la somme de quinze cen- « times par place et par jour et être muni d'un « laissez-passer pour la journée. »

Mais, au moment de faire les écritures, le receveur buraliste eut un scrupule. Peut-être la taxe était-elle changée depuis 1837 ? Il me pria d'attendre un instant et alla lui-même conférer avec le receveur d'enregistrement qui, heureusement pour moi, n'habitait pas loin. Les augures prononcèrent la sentence : la taxe était de un franc dix.

Il me restait donc à fixer le nombre de places de la voiture que j'allais mettre en circulation, ce qui me jeta dans le plus grand embarras ; car j'avais l'intention de coucher le blessé dans une charrette gerbière qui peut charger vingt-cinq quintaux de blé. J'avais beau déclarer que ma voiture n'avait pas un nombre de places bien déterminé, le receveur ne voulait rien entendre ; il exigeait des précisions.

Pour épargner à mon client (sur lequel j'étais résolu à récupérer l'impôt) des frais excessifs, je décidai que je le transporterais accroupi dans une minuscule voiture à deux roues, traînée généralement par l'âne, et je déclarai deux places.

Il fallait ensuite donner le nom du conducteur ; mais, ne sachant pas quel charretier serait disponible, à mon retour, j'indiquai mon nom, pour en finir.

En fin de soirée, j'avais mon laissez-passer et j'étais en règle avec le fisc.

J'avais fait dix-huit kilomètres d'auto et perdu une demi-journée pour payer deux francs soixante-dix, décimes compris.

Je revins triomphant ; mais l'employé de la régie, qui saignait toujours dans l'infirmerie de la ferme, trouvait le temps un peu long.

« Vraiment, dit-il, en attendant ces formalités, « j'aurais pu mourir vingt fois ! »

« Oui, lui répondis-je, nous autres, obscurs « citoyens, nous avons tous le temps de mou- « rir vingt fois par la faute de votre bureau- « cratie; mais songez donc que, pour vous, la « mort, aujourd'hui, aurait été glorieuse. J'au- « rais raconté que c'est vous qui aviez refusé « d'être transporté en fraude et vous auriez été

« porté au livre d'or de la nation avec cette ci-
« tation :

« *Mort pour le fisc !* »

***

J'ai rêvé que j'étais Ministre et que j'avais fait le rapport suivant :

Monsieur le Président de la République,

La loi sur les transports publics et privés sur route pour chevaux et voitures date du 20 juillet 1837.

Mes services me signalent que, depuis cette époque, on a imaginé d'autres modes de locomotion : la bicyclette vers 1885, l'automobile vers 1895, l'aéroplane vers 1908. Les chemins de fer qui ne datent que de 1829 n'étaient pas encore répandus en 1837.

Dans ces conditions, il m'a paru qu'il n'était pas impossible de demander au Parlement la mise au point d'une loi qui a déjà rendu quatre-vingt-dix ans de bons services, d'autant plus que les Chambres ont pris l'habitude d'en reviser d'autres, comme celle des loyers, avant un aussi long usage.

Pour examiner la question, j'ai réuni une commission interministérielle de cent membres, dans laquelle tous les Ministères ont été représentés. J'ai fait une place, comme il convenait, aux hauts dignitaires de l'Etat et aux intérêts particuliers.

Il me suffit de vous signaler que le Directeur des Haras Nationaux représentait les chevaux. Les voitures étaient représentées pour le bois, par le Directeur des Forêts Nationales et, pour le fer, par le Directeur des Mines. M. Citroën représentait les automobiles et M. Peugeot les bicyclettes.

J'ai prié la commission de me donner son avis sur les taxes à appliquer aux transports sur route par chevaux et voitures.

Le Directeur des Contributions indirectes s'est, tout d'abord, opposé à ce que des matières imposables, comme des chevaux et voitures, circulassent sur les routes sans un laissez-passer de son administration.

Le Ministère de l'Intérieur, représenté par le Préfet de Police, ayant revendiqué pour lui le privilège de donner des laissez-passer, la commission propose, pour ne froisser personne, d'autoriser tous les Ministères à donner des laissez-passer, à condition qu'il n'y ait aucune entente entre eux et que les papiers émis soient de forme, de nature, de qualité et, surtout, de couleur, aussi dissemblables que possible.

Le Directeur du Bureau Météorologique ayant fait savoir que l'arc-en-ciel possède moins de couleurs qu'il y a de Ministères, l'Intérieur a pris immédiatement rang pour la carte grise et les Finances pour la carte jaune.

La commission a reconnu à l'unanimité, y compris la voix du Directeur des prisons, que la liberté donnait toujours lieu à des abus.

Il lui a paru dangereux de laisser divaguer, sur la voie publique, des voitures attelées de chevaux, sans que l'administration ait été avisée d'avance de l'heure de départ, de l'itinéraire suivi et de l'heure d'arrivée.

Pour satisfaire au goût du public qui adore le mot de « Liberté », mais qui en déteste l'usage, le Directeur des bâtiments nationaux a proposé de peindre « *Liberté* » sur tous les édifices publics qui sont encore dépourvus de cette inscription et, notamment, sur les vespasiennes, dernier refuge des libertés privées.

Cependant le Directeur de la Statistique a fait observer, que le transport des personnes par chevaux et voitures n'existant plus, le moment paraissait venu de l'autoriser sans conditions.

Cette thèse a été combattue par le Directeur de

l'Imprimerie Nationale qui a fait valoir que, toute suppression de papier administratif pouvant donner lieu à chômage dans ses ateliers, il ne pouvait émettre d'avis définitif qu'après avoir consulté le syndicat de ses ouvriers.

Vous voyez, Monsieur le Président de la République, par ce bref résumé, que la question a été examinée sous toutes ses faces. L'avis de la commission n'en a donc que plus de poids et je me rallie à ses conclusions qui sont de supprimer les taxes sur les transports occasionnels sur routes par chevaux et voitures.

En conséquence, je vous demande (sachant bien que vous n'aurez aucun pouvoir pour me la refuser) l'autorisation de déposer sur le bureau de la Chambre le projet de loi suivant :

PROJET DE LOI :

Article premier. — Les taxes sur les transports occasionnels sur route par chevaux et voitures sont supprimées.

Article 2. — Le registre 24 B, est supprimé.

Article 3. — Toutes les dispositions contraires à la présente loi sont supprimées.

Article 4. — Les trente-deux Ministres et Sous-Secrétaires d'Etat sont chargés, chacun en ce qui le concerne, de l'application de la présente loi qui portera le n° 10.357 de la IIIe République.

A ce moment de mon songe, j'ai été subitement réveillé par un bruit insolite. Je demandai autour de moi : « S'est-il passé quelque chose « d'extraordinaire cette nuit ? » Et l'on me ré- « pondit : « Pas grand'chose, le Ministère a été « renversé ».

IV

DIRECTES ET INDIRECTES

Le service des P.T.T. est installé, en France, en formation serrée : ses trois branches, postes, télégraphes et téléphones, sont toujours réunis dans le même bâtiment. Cette conception est une œuvre très intelligente, à laquelle il faut rendre hommage ; car le hasard des inorganisations étatistes aurait pu les égailler aux trois coins de l'horizon.

Le service des contributions a adopté, tout au contraire, la formation en ordre dispersé.

Les contributions directes, les indirectes et la recette buraliste qui existent dans chaque canton ne cohabitent presque jamais, ce qui oblige le contribuable à se livrer à un travail de recherches d'autant plus important que ces services, plus modestes que ceux de la poste, ne se croient pas obligés d'avoir lanterne sur rue.

Dans les Préfectures, où il y a, en plus, la Recette des Finances, la Conservation des Hypothèques et la Trésorerie Générale, on n'a pas eu l'idée de réunir dans un palais fiscal tout ce qui concerne les contributions, alors que la Justice, par exemple, possède depuis longtemps son palais où tous ses fonctionnaires ont leur bureau.

Comme il est raisonnable de prévoir que nos enfants du XXIe siècle en verront bien d'autres que les assurances sociales, il aurait été prudent de transformer, dès maintenant, les casernes désaffectées en palais fiscaux, pour ne pas risquer la crise de logement lorsque les armées de nouvelle formation compléteront leurs effectifs.

La distinction entre les contributions directes et indirectes exige des connaissances très étendues, que Larousse lui-même ne possédait pas. Nous en sommes donc réduits à accumuler les observations, dans l'espoir qu'elles pourront servir, un jour, à tirer des conclusions.

En examinant mes feuilles de contributions, je m'aperçois que mon billard naviguait, jusqu'en 1921, sur le même avertissement (modèle n° 83 *bis*), que mes chiens, voitures, chevaux, mules et mulets. Dans la nuit du 31 décembre 1921, il a carambolé avec le garde-chasse créé le 1er janvier 1913, ou plutôt le garde-chasse a pris sa place sur les feuilles des directes, et lui, billard, s'est réfugié chez les indirectes sans s'accorder avec le piano.

En 1919, l'automobile était directe : en 1920, elle a roulé chez les indirectes.

Quant au chiffre d'affaires, né le 25 juin 1920, c'est le type du pique-assiette qui mange à tous les râteliers. Il a passé sa tendre enfance chez le Domaine, tout en flirtant avec les Indirectes dans les petites communes. Depuis le 23 mai 1925, il prend pension pour la perception chez les Indirectes, tout en étant soumis pour le contentieux, aux mêmes règles que les Directes et tout en conservant chez l'Enregistrement quelques gros clients de choix.

Les chiens, chevaux, voitures, mules et mulets, escortés du billard, avaient un avertissement à part jusqu'en 1922. Lorsque le billard les a lâchés, ils n'ont plus eu droit qu'à une ligne en post-scriptum des contributions foncières (modèle 12).

En examinant cette ligne à la loupe, on voit que les chiens sont divisés en trois catégories fiscales, non pas d'après leur grosseur, mais selon leur rang social. L'oisif, qu'on appelle d'agrément, paye, en principe, le prix fort ; le chasseur, le prix moyen ; le gardien, le prix faible. Ces prix sont variables suivant les communes, qui sont libres de fixer, dans des limites déterminées, ces taxes, qu'elles touchent intégralement. Il arrive assez souvent que les deux premières catégories fusionnent : chez moi, les chiens d'agrément et de chasse payent dix francs, et les chiens de garde un franc cinquante.

Le fisc ne fait pas passer d'examen aux chiens : il s'en rapporte au jugement des répartiteurs, proposés tous les ans par le Conseil municipal et nommés par le Préfet. Tous les petits loulous de manchons susceptibles d'aboyer et qui ont été déclarés de garde par leurs propriétaires peuvent être discutés. Le débat se prolonge très souvent jusqu'au Conseil de Préfecture et peut même arriver jusqu'au Conseil d'Etat. Notre plus haute assemblée juridique, reçoit tous les ans trente à trente-cinq pourvois de chiens et doit décider, sur pièces et d'après le témoignage des voisins, si Médor est attaché le jour à la chaîne et payera un franc cinquante ou dix francs.

Heureusement, le Garde des Sceaux vient d'augmenter de quatre conseillers, de cinq maîtres des requêtes et de sept auditeurs, l'effectif du Conseil d'Etat.

Lorsque les chevaux et mulets jouissaient de la faveur d'une feuille entière, on pouvait lire au dos la manière d'opérer.

« Les contribuables doivent faire la déclaration « des éléments imposables le 15 janvier au plus « tard ; pour les rôles supplémentaires, dans les « trente jours de la date des faits susceptibles de « motiver l'imposition de nouvelles taxes ou de « suppléments de taxes. »

Ainsi, lorsque j'achète un bidet, je dois, par l'intermédiaire de la Mairie, informer le fisc de cet événement qui peut entraîner, dans mes impositions, un changement de cinquante centimes papier (dix centimes-or), par mois.

Tout cela est parfaitement stupide et je ne fais, en cours d'année, aucune déclaration supplémentaire : je suis, sans doute, d'une façon permanente en contravention.

Mon secrétaire de Mairie est, en même temps, instituteur ; il a plus de travail qu'il ne peut en faire. Que deviendrait-il si tous les contribuables du village venaient le harceler tous les jours avec ces poussières de rectifications ?

S'il est débordé par sa paperasse, il va réclamer un adjoint que je payerai sur mes impositions communales. Je suis parfaitement décidé à ne pas le relancer pour dix centimes-or et je propose ceci :

1° Supprimer les rôles supplémentaires pour les chevaux, voitures, mules et mulets, et imposer suivant les situations existantes au 1er janvier, c'est-à-dire reconnaître en droit ce qui existe en fait.

2° Faire la moyenne de ce que rapportent les trois catégories de chiens et établir un prix unique pour tous les chiens.

Dans ma commune de cinq cent vingt habitants, il a été déclaré cent chiens à un franc cinquante et cinquante à dix francs. Le chien a rapporté en moyenne quatre francs. Croit-on que celui qui dépense trois cents francs par an pour nourrir un chien de garde ne pourrait pas payer quatre et même cinq francs d'impôt aussi bien qu'un franc cinquante ? Et du coup, comme par enchantement, voici le Conseil de Préfecture qui retrouve des loisirs et le Conseil d'Etat débarrassé d'une de ses plus stupides corvées.

3° Mieux encore, je propose de majorer le permis de chasse de la quantité nécessaire pour supprimer totalement l'impôt sur les chiens.

On a délivré dans ma commune, en 1929, cinquante-huit permis de chasse regionaux à quarante francs, sur lesquels la part touchée par la commune a été de moitié, soit onze cent soixante francs. Il suffirait donc de majorer le permis de dix francs pour compenser l'impôt sur les chiens.

Je sais bien que ce ne sont pas exactement les mêmes contribuables qui payent ; mais c'est une illusion de croire que l'impôt est plus léger quand il nous arrive en poussière, si nous payons très cher la machine à pulvériser.

L'impôt sur la chasse a l'avantage d'être facultatif et de luxe ; profitons-en pendant qu'il est temps encore.

Autrefois, quand le permis valait vingt-huit francs-or, il y avait des chasseurs habiles qui pouvaient récupérer leurs frais et gagner leur vie en chassant sur les terres non gardées.

La poule aux œufs d'or est morte. On ne tue plus, en moyenne, dans ma commune, une pièce de gibier par permis délivré. La chasse n'est même plus une affaire pour les braconniers qui ne pourraient la sauver qu'en se syndiquant.

La réduction du coût du permis à huit francs-or a été faite pour permettre à un plus grand nombre de citoyens de manifester leur accession aux classes privilégiées d'autrefois. C'est une erreur de psychologie que de croire qu'ils n'y mettraient pas n'importe quel prix.

Nous voulons, en matière d'impôts, des choses simples, claires et pratiques : ne cherchons pas le fin du fin : il nous faut des moyennes et des forfaits.

J'ai fait mes propositions, qui n'ont, je le reconnais, aucune chance d'aboutir. L'ambiance n'y est pas et je m'attends à lire dans un prochain journal officiel, une élucubration de ce genre :

« M. Leploteur - Dugogo, Député de la « Gascogne Méridionale, a déposé sur le bureau « de la Chambre une proposition de loi accor« dant aux pères de trois enfants, aux mutilés de « guerre et aux agriculteurs cultivant moins de « dix ares, une exonération de un franc par an « sur leur chien de garde, moyennant une de-

« mande faite sur papier timbré à trois francs « soixante au Directeur des Contributions ac- « tuellement directes.

« Pour combler le trou creusé au budget, il « propose de créer un impôt sur les chats, divi- « sés en trois catégories (de gouttières, de souris « et d'agrément), sur les singes, les violoncelles « et les perroquets. »

La seule distinction actuellement certaine entre les contributions directes et indirectes, est que les premières envoient facture et que les secondes n'en envoient pas.

La facture du percepteur s'appelle *avertissement*, quand elle est fermée par un timbre de un ou deux centimes, et *sommation*, quand elle est sous enveloppe.

Lorsque, pour la première fois, mes automobiles sont devenues indirectes, l'agent de perception s'est présenté chez moi pour me demander l'argent, en m'expliquant que les contributions indirectes étaient quérables à domicile.

L'année suivante, je comptais sur la même manœuvre ; mais les indirectes n'étaient sans doute plus quérables à domicile et je reçus une lettre rédigée sur le ton menaçant habituel aux agents du fisc, me priant de passer sans délai au bureau des indirectes pour payer les contributions de mes autos, dont on ne m'indiquait pas le montant.

Quand je dis une lettre, j'exagère. Les Indirectes, n'envoyant pas de factures, ne paraissent pas avoir de formules imprimées pour demander de l'argent au client. Elles n'ont, sans doute, pas non plus de papier dénommé à lettre ; car leurs communications me sont parvenues sur des feuilles informes qui avaient manifestement servi préalablement à d'autres usages.

Je répondis au receveur des contributions indirectes qu'il ne me venait pas à l'idée une minute de passer à son bureau et qu'il veuille bien m'envoyer facture.

En effet, n'ayant jamais payé deux années de suite la même somme pour le même objet, il m'était difficile de deviner ce que je devais.

Pour ces deux mêmes autos, j'ai payé :

En 1923	501 francs
En 1924	512 francs
En 1925	720 francs
En 1926	1.122 francs
En 1927	1.766 francs
En 1928	1.874 francs

Le Receveur ayant consenti à m'envoyer par la poste la note demandée, j'ai pu le régler par chèque postal sans autre difficulté.

En 1925, il m'a délivré une quittance unique pour deux autos et comme, cette année-là, les sergents de ville parisiens avaient l'habitude, à chaque contravention, de demander tous les papiers de la voiture y compris les quittances d'impôts, il m'a créé les plus grandes difficultés, puisque, lorsque les deux autos circulaient en même temps, j'étais obligé de tirer au sort celle qui posséderait la quittance unique.

En 1926, il fit deux quittances ; mais comme rien, sur les quittances, n'indiquait de quelle auto il s'agissait et que les deux autos de même force ne payaient pas le même prix, parce que carrossées différemment, je fus obligé de les attribuer par tirage au sort.

En 1927, la police parisienne ne demanda plus les quittances et réclama, à la place, le permis de circulation.

Ce permis fut, pendant plusieurs années, une feuille de papier pelure de si mauvaise qualité qu'il tombait rapidement en loque. Il y avait au verso des cases destinées aux timbres trimestriels pour constater le paiement des droits. Comme je payais par chèque et en une fois pour l'année, jamais mes timbres n'étaient en règle. Heureusement, par la suite, l'administration supprima le timbrage et fit choix d'un papier un peu plus résistant pour cette pièce, qui doit vivre aussi longtemps que la voiture ne change pas de propriétaire et qui doit subir, de la part des agents et des chauffeurs, les mêmes manipulations que la carte grise.

*
* *

Ayant changé un jour une de mes autos contre une autre de même marque, de même force et de même carrosserie, j'avais froidement mis dans la nouvelle voiture le permis fiscal de circulation de l'ancienne, pensant que cela n'avait pas d'importance puisque mes impositions ne changeaient pas et qu'il ne s'agissait pas d'un papier de police.

Mais, le 8 novembre 1925, à propos d'un banal procès de lanterne, un agent s'aperçut que le numéro de police de mon permis fiscal n'était pas le même que celui de ma carte grise et me déclara procès-verbal pour circulation avec des faux papiers.

Je reçus, le 30 janvier 1926, une assignation rédigée sur le ton menaçant bien connu, m'invitant à « comparaître en personne dans les trois « jours, à l'audience du tribunal correctionnel « de la Seine et, en tant que besoin, à toutes les « audiences suivantes jusqu'à jugement définitif, « faute de quoi ma voiture serait saisie et ven- « due ».

La formule n° 265 *ter* n'était lisible que dans son texte imprimé. Les compléments manuscrits étaient indéchiffrables et pleins d'abréviations dont j'arrivais mal à élucider le sens, malgré le gracieux concours d'amis très cultivés.

Il semblait que l'on était très gentil pour moi, puisque l'on ne me fixait ni jour ni heure exacte ; mais cependant, je trouvais malicieux que l'on ne me donnât pas non plus d'adresse.

Supposant que la justice se rend dans le palais qui porte son nom, je me précipitai boulevard du Palais avec ma citation. Le concierge principal de la porte principale, à qui je la montrai, l'examina longuement, interrogea des petits jeunes gens qui passaient, puis des hommes décorés qu'il arrêta exprès et finit par me déclarer que cela ne devait pas être pour ici. Il me conseilla amicalement de me renseigner à ma Mairie.

Je courus avenue Henri-Martin. La concierge de la Mairie du XVIe ne savait pas et me conseilla de recourir aux lumières du Percepteur, 9, rue de la Tour. Là, c'étaient les Directes. On m'envoya chez le Contrôleur, 2, rue Chernovitz, qui avait entendu parler des indirectes et qui prononça : c'est 11, rue Chalgrin.

J'arrivai, à bout de souffle, jusqu'à des étages élevés démunis d'ascenseurs et je tombai sur un jeune homme aimable qui repéra mon papier pour avoir constitué mon dossier.

Je lui expliquai mes tribulations et mes angoisses, mes efforts pour comparaître dans les trois jours afin d'éviter les affreuses sanctions manuscrites dont j'étais menacé et qu'il voulut bien me déchiffrer : « *une amende de deux cents*

« *francs avec quintuple décime sur cette* « *amende, de quintuple du droit fraudé, le* « *double décime et demi sur cette amende.* » Tout cela était écrit dans un style nettement moins clair que celui que j'essaye d'employer pour captiver l'attention de mes lecteurs.

Je le suppliai de me donner l'adresse, le jour et l'heure de ma comparution.

Il se mit à rire et déclara : « Mon pauvre Mon- « sieur, vous n'y avez rien compris ! Votre « affaire n'a aucune importance ; il ne fallait « pas vous déranger ; vous n'aviez qu'à rester « chez vous. »

« Vous avez eu une petite contravention le « 8 novembre 1925 : je n'ai pas encore obtenu « les renseignements du receveur de province « qui a enregistré la déclaration de votre auto. « Alors, pour ne pas être forclos par la prescrip- « tion de trois mois qui expire le 8 février, je « vous ai envoyé, le 30 janvier, le papier que « vous avez en mains. »

« Comment, lui dis-je, je reçois une citation « à *comparaître dans les trois jours, sans délai,* « *heure légale, au tribunal correctionnel de la* « *Seine et à toutes les audiences suivantes jus-* « *qu'à jugement définitif* et cela veut dire de « ne pas comparaître ! Evidemment, je ne l'au- « rais pas deviné. Mais je vous promets de le « faire savoir ; cela peut intéresser bien des « gens. »

Ami lecteur, je tiens parole. Si tu reçois une assignation couleur saumon, formule n° 265 *ter* à comparaître, sache bien que cela veut dire : « *reste chez toi.* »

Le jeune homme aimable me prit nettement en pitié et me le prouva en me donnant un tuyau. « Allez transiger, dit-il, à la direction : c'est 6, rue du Cloître-Notre-Dame. »

J'y bondis. Là, les employés n'étaient plus aimables du tout. J'étais dans l'antre où l'on reçoit les suspects. On me fit attendre très longtemps ; mais je fis quelque bruit, ce qui avança un peu les choses.

J'expliquai mon affaire et proposai cinq francs. On tint des conciliabules ; on alla consulter le Directeur qui était à l'étage au-dessus et on évalua ma culpabilité à vingt-deux francs vingt centimes ; il n'y avait que quatre francs quatre-vingts de sauce : je m'en tirai pour vingt sept francs en tout.

Evidemment, cette affaire correctionnelle était moins cher qu'une contravention en justice de paix, qui aurait coûté cinq francs en principal et quatre-vingt-quinze francs de frais.

Il est difficile de comprendre pourquoi les bureaux des directes et des indirectes ne sont pas groupés dans le même local, si tant est qu'il soit utile de maintenir la dualité des services.

Il semble que leur réunion permettrait, tout au moins dans les petites villes et villages, des économies de loyer, de téléphone et de tous les frais accessoires d'une installation.

Quant au public qui fréquente les bureaux fiscaux de l'Etat, il est à peine besoin de dire les avantages qu'il trouverait à leur groupement.

N'insistons pas ; car ce n'est pas le bon argument pour faire triompher cette thèse. L'administration ne s'intéresse pas aux commodités de ses clients : elle ne songe qu'à menacer et à engueuler le contribuable qui n'est jamais, pour elle, qu'un cochon de payant.

V

MON CONTRÔLEUR DES CONTRIBUTIONS

Comme l'immense majorité des citoyens français, je paye mes contributions directes sans les comprendre, et, en tout cas, sans être capable d'en établir les calculs.

L'administration des finances nous envoie des formules que nous remplissons de notre mieux et qu'elle complète et rectifie ensuite.

Pour les bénéfices agricoles, j'ai adopté le forfait parce que je supposais que cette méthode donnerait lieu au minimum de frictions avec les agents du fisc.

L'Administration possède tous les éléments pour calculer le bénéfice agricole forfaitaire d'une exploitation. J'ai donc demandé à mon contrôleur de m'établir ce travail et je pensai bien faire en reproduisant l'année suivante les chiffres qu'il m'avait lui-même fournis pour l'année précédente.

C'était un jeu de hasard dans lequel, sur sept coups, j'en ai perdu six et gagné un ; car j'ai payé, au titre de la cédule agricole, une fois seulement à peu près la même somme pour deux années consécutives, étant bien entendu que, dans l'intervalle, la propriété n'avait subi aucun changement.

J'ai payé à forfait pour mes bénéfices agricoles :

En 1921	111 francs
En 1922	343 francs
En 1923	351 francs
En 1924	643 francs
En 1925	1.350 francs
En 1926	1.414 francs
En 1927	2.185 francs
En 1928	4.423 francs

Le contrôleur m'a fait les calculs suivants :

1° Il a pris le *revenu cadastral* total de la propriété non bâtie, chiffre officiel et de la plus pure fantaisie, qui ne correspond à aucune réalité, mais qui sert de base à tous les calculs fonciers	8.475
2° Il a déduit, pour le revenu des bois, la somme de :......................	348
Il est à remarquer que ces bois n'ont plus reparu par la suite dans aucun calcul de revenus ou d'impôts.	
3° Il a déduit, pour le terrain d'agrément qui entoure l'habitation :........	317

Mais ce n'est qu'une bifurcation, le terrain d'agrément donnant lieu par la suite aux mêmes calculs que les propriétés ordinaires, mais avec des coefficients différents.

Reste à ce moment : 7.810

4° Il ajoute un quart en plus, soit : 1.952

Ce qui donne : 9.762

Ici, le total perd le nom de *revenu cadastral*, et prend celui de *valeur locative*.

(Les termes employés continuent à n'avoir aucun rapport avec le sens véritable des mots.)

5° Le chiffre trouvé est majoré de 75 % (loi du 13 juillet 1925, articles 3 et 20) et devient donc : 17.083

A ce moment de l'opération, on va chercher dans le *Journal Officiel* les coefficients variables fixés tous les ans par la loi de finances et qui ne sont pas les mêmes pour le terrain ordinaire et pour le terrain d'agrément, qui a bifurqué après la troisième opération arithmétique. (En six ans, de 1923 à 1926, les coefficients ont été trois fois les mêmes, et trois fois différents. Quand ils sont différents, ils sont très voisins, de façon à produire comme principal effet des difficultés de calculs. Pour 1928, les coefficients étaient les mêmes pour terrains ordinaires et d'agrément et fixés à 2,50).

6° Multiplié par 2,50 le chiffre précédent devient : 42.700

7° On enlève (1er dégrèvement à la base) : 2.500

8° On enlève (2e dégrèvement à la base) les 3/4 de 1.500 francs : 1.125

9° On enlève (3ᵉ dégrèvement à la base) la moitié de 4.000 francs :	2.000	»
Reste :	37.075	»
10° On prélève sur ce reste 12 % d'impôts, soit :	4.449	»
11° On enlève les charges de famille (en l'espèce 5 %), soit :	222	»
12° On ajoute les terrains d'agrément qui ont bifurqué après la troisième opération pour être soumis à des calculs aussi compliqués et ayant donné en l'espèce :	196	»
13° On impose le contribuable pour :	4.423	»

Je donne cette méthode qui m'a été indiquée par le contrôleur de la 167ᵉ division à Paris. Il s'agit maintenant de jongler avec les chiffres ; car, autant de contrôleurs, autant d'acrobates.

Le contrôleur de Sens comptait, pour l'impôt général sur le revenu, la totalité du bénéfice agricole.

La 167ᵉ division de Paris, où, suivant mon droit, j'ai transporté ma déclaration à partir de 1927, avait pour doctrine, en 1928, d'en extraire les terrains d'agrément.

Par contre, le contrôleur de Pont-sur-Yonne déduisait du revenu global déclaré, l'impôt payé sur bénéfices agricoles l'année précédente, alors que la 167ᵉ division de Paris (doctrine 1929) ne le déduisait plus.

Tout cela, comme on peut s'en rendre compte, est excessivement simple. Passons maintenant aux complications.

En 1926, un orateur qualifié était monté à la tribune de la Chambre et avait proposé :

« Messieurs, la culture du blé est d'un intérêt « national : encourageons-la en dégrevant les « terres qui le portent de façon que les cultiva- « teurs en sèment davantage. » Tonnerre d'applaudissements. Le dégrèvement est voté à l'unanimité.

Pour 1927, les terres semées en blé en 1926 bénéficieront du coefficient de 2 au lieu de 2,50 (à la 6e opération arithmétique du tableau précédent), sur demande de l'intéressé qui devra fournir les justifications.

Nul n'ignore que le cultivateur ne sème jamais le blé deux ans de suite dans le même champ. C'est ce que l'on appelle l'assolement. Dans une ferme tant soit peu étendue, on peut faire un long bail sans que jamais les emblaves d'une année reproduisent rigoureusement la disposition d'une année antérieure.

Pour déclarer, avec preuves à l'appui, la surface cultivée en blé, il faut relever tous les ans le plan cadastral de la ferme, ce qui est une opération gigantesque et que les neuf dixièmes des cultivateurs sont incapables de faire eux-mêmes.

Le secrétaire de Mairie est à peu près le seul, dans la commune, à pouvoir s'en tirer, après conférence avec l'intéressé qui doit lui fournir les éléments du problème.

J'ai donc prié mon secrétaire de Mairie de mettre à jour, à ce point de vue, ma déclaration pour 1927. Le petit format du présent volume ne me permet malheureusement pas de reproduire ici ce magnifique travail que j'ai envoyé à mon contrôleur et qui, suivant les calculs d'un de mes amis polytechniciens, aurait dû me procurer un dégrèvement de 147 francs sur 4.423 fr. imposés. J'ai renoncé à essayer de comprendre si on me l'avait appliqué.

Ainsi, parce qu'un parlementaire sans cervelle a prononcé à la tribune une phrase d'allure innocente et d'intention démagogique, tous les secrétaires de Mairie de France risquent de relever tous les ans, pour les agents du fisc, le plan cadastral de plusieurs millions d'hectares.

Ce n'est pas tout. Il faut que le fisc contrôle : je peux déclarer en blé ce que j'ai semé en avoine. J'ai dit que je ne faisais jamais deux ans de suite la même culture. Voici donc les agents du fisc chargés de vérifier tous les ans l'assolement des terres de France !

Et que vaut l'appât que l'on m'a tendu ? Trois pour cent environ de mon impôt cédulaire ! Les cinquante hectares semés en blé et dégrevés de cent quarante-sept francs, ont produit mille quintaux de blé. On m'a donc offert une remise de quinze centimes par quintal pour une marchandise que je cesse de cultiver, parce que son prix de vente dépasse actuellement de trente francs par quintal, son prix de revient.

Croit-on que ces quinze centimes vont me faire changer mon assolement ?

La cédule agricole a rapporté, en 1928, 201 millions au Trésor. Si on la supprimait en totalité pour les cultivateurs de céréales, ce serait encore insuffisant pour rendre le blé rémunérateur, d'autant plus que la vigne et d'autres cultures en paient une part importante et que les petites cultures (pratiquement au-dessous de deux chevaux) ne sont pas imposées.

Ce ne sont pas les petits remèdes qui peuvent guérir les grands maux.

Par la suite, j'ai traité par le mépris le dégrèvement offert et je ne l'ai plus jamais demandé puisqu'il me coûtait, en temps perdu et en paperasse, beaucoup plus qu'il ne pouvait me rapporter.

Il y a longtemps que mon but n'est plus d'essayer de payer au plus juste ce que je dois. Je me borne modestement à rechercher la paix pour pouvoir travailler de mon métier.

« *Timeo Danaos et dona ferentes.* »

* * *

Je croyais avoir assuré ma tranquillité en optant pour le forfait et en acceptant sans discussion tous les calculs de l'administration.

Les événements prouvèrent que je me trompais.

Le 15 novembre 1928, je reçus par le même courrier quatre avertissements d'avoir à payer en tout la somme de 4.615 francs pour supplément d'impôts sur bénéfices forfaitaires agricoles des années 1923, 1924, 1925 et 1926. Le fisc revisait tous ses comptes jusqu'à quatre années en arrière. J'avais la chance, au delà, de bénéficier de la prescription.

Du moment que la paix n'était pas possible, il fallait bien accepter la guerre.

J'examinai ces papiers.

Les nouveaux calculs avaient la même allure énigmatique que les anciens, ce qui m'empêchait, moi, pauvre contribuable moyen, de me faire une opinion très précise sur la probabilité de leur exactitude; cependant, il était évident que l'on y avait ajouté des fautes d'addition et que l'on ne tenait pas compte de toutes les sommes déjà payées.

J'écrivis donc, le 22 novembre 1928, à mon Contrôleur des Contributions, une lettre lui signalant ses erreurs et le priant de passer à mon domicile pour me fournir ses explications.

Il me fit, le 24 janvier 1929, une réponse qui ne répondait à rien, me signalant seulement qu'il était nouveau dans son service et très occupé.

Je répliquai, le 25 janvier 1929, en le priant à nouveau d'entrer dans quelques détails et de me donner ses arguments écrits.

Je ne fus pas honoré d'une réponse et, le 20 février 1929, je recevais le papier colorié du percepteur.

Le 22 février 1929, j'écrivis au Préfet de la Seine, une lettre qui concluait ainsi :

> Je vous prie, Monsieur le Préfet, de me dégrever des sommes que je ne dois pas puisque je les ai payées et de m'envoyer, à mon domicile, un Contrôleur encore plus Principal à qui je pourrais montrer mes quittances et qui recontrôlerait, mais alors d'une façon *kolossale* et définitive, le contrôle de M. Rubet, qui a contrôlé M. Garin, qui a contrôlé M. Lary, qui a contrôlé M. Litalien, qui a contrôlé le malheureux taillable et corvéable soussigné.

Je suppose que le ton de cette missive étonna les bureaux. Toujours est-il que, le 26 février 1929, M. Sémiard, Inspecteur des Contributions Directes, m'annonça sa visite pour le 11 mars suivant. Il se présenta accompagné de mon contrôleur.

Ces Messieurs ayant reconnu une grande partie de leurs erreurs, je leur demandai de m'écrire une lettre d'excuses pour le trouble qu'ils m'avaient causé dans mes occupations professionnelles, faute de quoi je me réservais de prendre des sanctions.

Les excuses écrites n'étant pas venues, j'envoyai à la deuxième Direction des Contributions de la Seine, 24 rue de l'Université, la lettre suivante qui résumait notre différend. La sanction annoncée fut sa publication dans l'*Animateur des Temps Nouveaux* du 28 juin 1929.

Monsieur le Directeur,

Je vous remercie d'avoir envoyé à mon domicile, le 11 mars dernier, M. l'Inpecteur Sémiard qui s'est présenté avec M. le Contrôleur Rubet.

Je vous rappelle que M. Garin avait révisé, le 4 juillet 1928, le contrôle de M. Lary pour 1923 et 1924, et celui de M. Litalien pour 1925.

M. Rubet avait révisé, le 9 novembre 1928, le contrôle de M. Garin pour 1926 ainsi que les contrôles de MM. Lary et Litalien pour 1923, 1924 et 1925.

M. Sémiard a donc révisé, le 11 mars 1929, la révision de M. Rubet, qui avait révisé la révision de M. Garin, qui avait révisé les contrôles de MM. Lary et Litalien.

La révision des révisions des révisions opérée par M. Sémiard a ramené de 4.615 fr. 11 à 2.349 fr. 91 la somme qui m'était réclamée pour les révisions des années 1923, 1924, 1925 et 1926.

Nous avons commencé, avec M. Sémiard, par numéroter les erreurs matérielles qui, pour quatre feuilles, se sont trouvées au nombre de quatre et qui tiennent à ce que M. Rubet, ainsi que je n'ai cessé de le lui écrire, me réclamait des sommes déjà payées.

Je vous serais obligé, pour ma tranquillité future, de prier M. le Contrôleur de la 167e division de ne pas confondre l'actif avec le passif, même après cinq ans.

Ces quatre erreurs matérielles ayant été éliminées, le reste des sommes réclamées provenait en partie, si j'ai bien compris, d'une différence de doctrine entre les contrôleurs des départements de l'Yonne et de la Seine, surtout pour le calcul des bénéfices agricoles.

Nul n'ignore que, plus on se rapproche du Midi de la France, plus les impôts deviennent légers.

L'Yonne étant nettement au sud de la Seine, il est naturel que la doctrine y soit moins onéreuse pour les contribuables. J'étudierai donc, pour l'avenir, la possibilité de devenir contribuable à Marseille ou à Tarascon pour y déclarer mes bénéfices agricoles.

M. Rubet a bien voulu m'expliquer que les erreurs grossières numérotées de 1 à 4 proviennent de ce que, sur les sept colonnes dont se composent les avertissements, il est chargé d'établir les chiffres des trois colonnes de gauche, alors que les quatre colonnes de droite, ou calculs des taxations, sont établies par un autre groupe de fonctionnaires fiscaux, répondant au nom générique de *directeurs*.

Toujours d'après M. Rubet, le groupe des contrôleurs de la Seine serait sans relations avec le groupe des directeurs de l'Yonne, de sorte qu'il aurait établi sa révision des révisions sans connaître les chiffres qu'il révisait.

Pour le cas où je serais soumis à une nouvelle révision des révisions, je vous serais obligé d'envoyer à mon domicile, en même temps que le représentant des colonnes de gauche, une délégation représentative des colonnes de droite, pour que je puisse faire les présentations.

En attribuant aux calculs de M. Sémiard une infaillibilité papale, le palmarès de mes contrôleurs se présenterait de la façon suivante :

Pour 1926 : M. Garin à Paris, erreur de 243 fr. Note : *Bien*.

Pour 1924 : M. Lary à Sens, erreur de 287 francs. Note : *Assez bien*.

Pour 1925 : M. Lary à Sens, erreur de 313 francs. Note : *Passable*.

Pour 1923 : M. Litalien, à Pont-sur-Yonne, erreur de 1.424 francs. Note : *Médiocre*.

Pour 1923, 1924, 1925, 1926 : M. Rubet, à Paris, erreur de 2.265 francs. Note : *Très médiocre*.

A raison de son classement défavorable, j'ai prié M. Rubet de m'écrire une lettre d'excuse : il a nettement refusé, rejetant les fautes sur le groupe *Direction*.

Je lui ai demandé alors de m'indiquer, d'une façon plus précise, les fonctionnaires fiscaux que je pourrais poursuivre en dommages-intérêts, à raison du tort qu'ils m'ont causé par leurs erreurs ; mais il m'a fait valoir que la jurisprudence accordait aux fonctionnaires fiscaux de tous les groupes le droit :

A. De commettre toutes erreurs sans limitation de quantité ou de durée.

B. De réclamer indéfiniment des sommes déjà payées et de ne pas répondre aux réclamations dans les délais normaux.

C. De taxer des sommes quelconques.

D. D'exiger des paiements immédiats des sommes qui ne sont pas dues.

E. De faire envoyer au contribuable du papier jaunâtre, voire même verdâtre, aboutissant à 21,50 % de frais pour les huit actes prévus au programme du percepteur.

Bref, que tout ce qu'il avait fait était licite et normal, voire même naturel.

Comme position de repli, et sans doute pour dégager le groupe *directeur*, M. Rubet a d'ailleurs bien voulu me faire savoir que la responsabilité de ses erreurs devait m'incomber, parce que je ne lui avais pas envoyé le chiffre des colonnes de droite qu'il ne connaissait pas. Il m'a demandé, pour perfectionner son travail, de lui remettre mon dossier. Je n'ai pas pu prendre cette demande en considération et je dois ajouter qu'il ne m'est pas venu à l'idée de lui demander le sien.

J'ai alors observé que, sur votre imprimé, figure une mention d'après laquelle copie d'avertissement peut être délivrée par le percepteur, moyennant cinquante centimes et j'ai proposé à M. Rubet de lui remettre séance tenante un chèque barré de cinquante centimes sur le Trésor Public.

Cette proposition ayant été, à son tour, rejetée, M. Rubet a dû trouver, par la suite, un moyen que j'ignore pour tourner la difficulté, puisque les chiffres des colonnes de droite figurent exactement sur sa correspondance, postérieure à notre entrevue.

Je suis persuadé que, si vous pouviez m'envoyer un professeur de doctrine, de préférence un peu méridional, pour réviser toutes les révisions antérieures, la somme actuellement réclamée de 2.349 fr. 90, pourrait facilement tomber à néant et même changer de sens.

Cependant, conscient de la valeur de mon temps et pour limiter les pertes que la bureaucratie vient de me faire subir, je suis disposé, pour en finir, à payer ces 2.349 fr. 90, si vous voulez bien admettre, de votre côté, que les années de 1923 à 1926 sont surabondamment révisées et comportent maintenant un solde de tout compte.

S'il n'est pas dans vos méthodes de libeller ainsi vos quittances, je compte sur votre initiative pour chercher dans l'arsenal de vos règlements une formule aboutissant pratiquement au même résultat.

Si vous ne la trouvez pas et si vous croyez qu'une petite vente mobilière sur le trottoir de ma maison présenterait, seule, un caractère libératoire définitif, je peux facilement, et sans me priver, mettre quelques hardes à votre disposition.

A votre facture plus que contestable de 2.349 fr. 90, j'ajouterais volontiers un nouveau sacrifice de 21,50 % si, par ce moyen, je pouvais réaliser ce rêve commun à des milliers de mes semblables, à savoir que l'Administration nous f... la paix.

*
* *

De cette longue histoire, je retiens ceci :

En 1928, j'ai payé 4.423 francs comme impôt forfaitaire sur mes bénéfices agricoles. Mon revenu cadastral fixé par l'administration était de 8.475 francs. On m'a donc pris environ la moitié.

J'ai dit et je maintiens que ce chiffre de 8.475 francs ne correspond à aucune réalité. Mais ce n'est pas en ajoutant treize opérations arithmétiques à un chiffre faux que l'on obtiendra un résultat exact.

Cette manie de couper les cheveux en quatre et de rechercher le fin du fin à un poil près, alors que le chiffre de base est établi à un éléphant près, est une chose incompréhensible.

Si l'on disait : « l'impôt cédulaire agricole sera fixé à la moitié ou à x % du chiffre connu sous le nom de *revenu cadastral* » (ce x variant suivant la quantité totale d'argent que l'on demanderait à la cédule), cela serait aussi juste et économiserait tous les frais de calcul.

Je ne me fais pas d'illusion. Cela ne plairait pas. Tout le monde comprendrait et personne ne serait content.

Aujourd'hui, personne ne comprend : alors tout le monde est content.

L'histoire eut une suite qui n'est pas absolument surprenante.

Tout le monde sait que les grandes administrations publiques ou privées ont un service de presse chargé de découper, dans les journaux ou revues, tout ce qué l'on imprime sur leurs faits et gestes et que cette *revue de la presse* est très soigneusement examinée par les grands chefs.

Tant que ma lettre au Directeur des Contributions n'était qu'un document privé à enfouir dans un dossier quelconque de réclamations, elle n'avait aucune importance : mais publiée par l'*Animateur des Temps Nouveaux* elle n'était plus négligeable. C'était le pavé dans la mare aux grenouilles !

L'Administration s'émut. N'étant pas dans le secret des dieux, je ne saurai révéler les conciliabules que mon article provoqua. Je ne connais que le résultat qui figure dans une note circulaire de la Direction Générale des Contributions Directes, parue dans le Bulletin des Contributions Directes de février 1930 et qui s'exprime ainsi :

Une remarque spéciale doit être faite en ce qui concerne l'impôt sur les bénéfices agricoles. Les bases forfaitaires de cet impôt étant calculées sans l'intervention des exploitants, ces derniers sont tout particulièrement portés à juger anormaux les rappels d'impositions au titre d'années antérieures.

Exceptionnellement, un rappel pourrait être admis au titre d'une année immédiatement antérieure, mais le service doit s'abstenir de remonter au delà.

Ce qui veut dire, en bon français, que la révision des révisions dont j'ai été la victime indocile, sera dorénavant épargnée à mes semblables.

J'ai donc obtenu un résultat et cela sans aucune intervention politique, ce qui est, je le reconnais, presque offensant pour les parlementaires qui s'imaginent qu'ils ont, pour fonction essentielle, de faire les commissions des particuliers aux administrations.

VI

DANS L'ENREGISTREMENT

Le Français moyen sait que, parmi les nombreuses administrations qu'il possède, il y en a une qui porte le nom d'*Enregistrement*. En général, ses connaissances se bornent là, car le contribuable entre rarement en contact personnel avec cette bureaucratie spécialisée, qui tient pour lui du mystère.

Un haut fonctionnaire de l'Etat m'a expliqué que l'Enregistrement avait été créé pour donner une date certaine aux contrats importants conclus, soit entre deux particuliers, soit entre particuliers et administrations publiques.

Le service rendu aux contractants était taxé, pour permettre à cette administration de couvrir ses frais.

Le but primitif a été perdu de vue : actuellement, l'Enregistrement a pour objet principal d'alimenter les caisses de l'Etat.

Les recettes globales du Timbre et de l'Enregistrement pour 1928 ont été de quatre milliards et demi sur lesquels les droits de succession et les ventes d'immeubles ont produit trois milliards et demi. Puis vient, comme importance, tout ce qui concerne les valeurs mobilières.

Ce sont les produits qui rapportent : ils nécessiteraient un personnel peu nombreux. Mais, à côté de cela, il y a toute une poussière de petites taxes qui sont les *impedimenta* des hommes d'affaires, des justiciables, des avoués et des notaires et qui occasionnent une paperasse et une perte de temps sans rapport avec les recettes qu'elles procurent.

L'enregistrement systématique des pièces à produire dans un procès permet de rendre la justice onéreuse, tout en proclamant qu'elle est gratuite : il serait aussi simple de taxer, pour les plaideurs, le prix des jugements que d'en facturer les accessoires et le client payerait d'autant plus volontiers qu'il pourrait connaître d'avance le tarif. Le succès des grands magasins tient à ce que le prix des marchandises y est affiché en chiffres connus. Le commerce des particuliers avec l'enregistrement est, au contraire, plein d'imprévu : il donne au client des émotions analogues à celles que le joueur malchanceux éprouve en tirant une carte au baccara.

Nous savons qu'il existe dans chaque canton de France un receveur de l'Enregistrement et, à Paris, une puissante Administration Centrale. Si les perceptions de l'Enregistrement se bornaient aux successions, aux ventes d'immeubles, et aux quelques autres gros produits, on pourrait liquider tout un lot de fonctionnaires et ne garder, dans chaque département, que quelques employés spécialisés, siégeant à la Trésorerie Générale.

La nuée d'agents de contrôle et de perception, répandue sur le territoire, entre pour beaucoup dans les deux cent trente-six millions que coûte l'administration de ce service.

Un esprit simpliste pourrait concevoir un Etat qui ne s'occupât pas de donner date certaine aux actes passés entre particuliers. Les intéressés n'auraient qu'à se débrouiller et ils le feraient d'autant plus facilement qu'ils ont à leur disposition l'acte notarié qui peut remplir toutes les conditions désirées.

L'Enregistrement n'y ajoute rien d'autre que des complications et des frais improductifs.

Nous ne contestons pas qu'il soit utile de faire rentrer dans les caisses de l'Etat un certain nombre de milliards pour le fonctionnement des services publics. Mille moyens se présentent pour atteindre ce but et l'imagination fertile des législateurs sait en découvrir de nouveaux tous les jours.

Si l'on mettait au concours la question suivante : « trouver un procédé pour rendre les affaires aussi difficiles que possible, de façon à les retarder ou les empêcher d'aboutir, trouver un moyen de chicane permettant de donner aux hommes d'affaires cette sensation que tout ce qu'ils font est irrégulier et qu'ils risquent, à tout moment, les pires catastrophes », je crois que l'inventeur de l'Enregistrement pourrait remporter le premier prix ; car aucune Administration de l'Etat n'est arrivée à avoir une réglementation plus inextricable. C'est au point que ceux qui sont chargés de l'appliquer ne s'y reconnaissent pas eux-mêmes.

Il est vrai que l'Enregistrement n'est pas sorti, comme Minerve, tout armé du cerveau de Jupiter : il est la résultante d'une longue superposition de textes incohérents.

Nous en sommes arrivés à cet état paradoxal que, lorsque nous faisons un contrat, la question primordiale n'est pas de connaître les besoins des contractants, mais ceux de l'Enregistrement et il en résulte une déviation complète de l'économie nationale, puisque ce qui devrait être l'accessoire devient le principal.

J'ai eu l'occasion de pratiquer une seule fois dans ma vie l'étude expérimentale de l'Enregistrement.

*
* *

En l'an de grâce 1924, j'avais négocié, avec le Préfet de l'Yonne, un traité réglant les conditions d'établissement, d'entretien et d'usage d'un embranchement particulier (pour desservir mon exploitation agricole) d'une voie ferrée départementale qui passait devant ma porte.

Ce traité, calqué sur les schémas habituels, comportait neuf pages, y compris celle des signatures.

L'agent voyer de Sens, qui habite à vingt-sept kilomètres de chez moi, était venu me le soumettre, tout en me faisant observer très poliment que mon avis ne pouvait jouer aucun rôle dans la question, toutes les formules de l'administration étant, par définition, intangibles.

Lorsque je m'étonnais des clauses absurdes du traité, il me répondait tranquillement qu'elles n'avaient aucune importance, puisqu'elles ne seraient pas appliquées.

Et, en effet, la différence fondamentale entre les conventions particulières et celles avec l'Etat, c'est que, dans les premières, les parties contractantes ont l'intention, tout au moins au moment de la signature, de respecter les clauses écrites, alors que, si l'Etat est signataire, personne n'a jamais eu l'intention, même une minute, d'observer tout ce qui a été signé.

Au moment de la construction de ma voie de

garage, j'avais dû m'entendre avec le service vicinal pour certains travaux et, notamment, pour la pose des aiguilles qui étaient à cheval sur le domaine public et sur mon terrain particulier.

Le traité stipulait que je devais cinq mille quatre cent soixante-dix-sept francs pour le remboursement des travaux et des fournitures au département. Il mentionnait, en outre, que j'avais à payer un franc par an au Trésorier Payeur Général de l'Yonne, le 1er janvier de chaque année, pour la jouissance du terrain sur lequel se trouvait mon aiguille de raccordement, terrain que j'avais d'ailleurs donné gratuitement au département ainsi que toutes ses emprises pour la construction de la ligne.

J'attendis les événements et rien ne se produisit.

Au bout d'un an, fatigué de transcrire sur mes livres cette dette de cinq mille quatre cent soixante-dix-sept francs, j'envoyai au Préfet de l'Yonne un chèque de la dite somme dont il fut fort embarrassé, paraît-il. Il était sur le point de me le rendre, quand il trouva un moyen de le faire encaisser.

J'estime qu'il était raisonnable de payer ces cinq mille quatre cent soixante-dix-sept francs, mais qu'il aurait été fou de payer un franc par an. Ce franc n'a donc jamais été payé et ne m'a jamais été réclamé.

L'Administration a des principes qui déroutent l'imagination.

On n'a pas le droit d'occuper gratuitement le domaine public ; mais on peut l'occuper pour un franc par an ! Et pourquoi ne peut-on, pour un travail légalement autorisé, occuper gratuitement le domaine public ?

En ne payant pas au Trésorier Payeur Général le franc stipulé au contrat, j'estime que j'ai fait à l'Etat une sérieuse économie, car personne ne peut supposer que la perception d'un franc par l'Etat soit une opération lucrative.

Et pourquoi stipuler, dans un traité, une redevance qui ne sera jamais payée ?

La convention m'ayant été soumise pour observations à condition que je n'en fasse pas, j'y apposai ma signature et l'agent voyer, en motocyclette, rejoignit son bureau de Sens d'où il envoya le contrat au Préfet par des moyens que j'ignore.

Le Préfet signa à son tour ; puis, six semaines après, l'agent voyer en motocyclette revint m'apporter l'acte en me priant de le faire enregistrer.

N'ayant jamais vu de Receveur de l'Enregistrement et bien décidé à n'en jamais voir, je priai mon notaire habituel de faire le nécessaire.

Le choix de cet intermédiaire me parut heureux. Le notaire est le meilleur client de l'Enregistrement, puisqu'il passe la majeure partie de son temps à batailler avec ce service dont il doit connaître le langage spécial, incompréhensible pour le profane.

Le lendemain, mon notaire me téléphona tout ému.

« Le receveur de l'enregistrement m'a copieu-
« sement engueulé et a refusé d'enregistrer
« votre acte pour deux raisons : d'abord, il n'a
« pas qualité, dit-il, pour enregistrer un acte
« signé par un Préfet ; ensuite, les délais
« d'enregistrement sont passés : ils sont de
« vingt jours après la dernière signature et
« votre acte est vieux de plus d'un mois. Par
« bienveillance pour moi, il veut bien ignorer
« cet acte ; car, s'il le connaissait, il devrait
« vous mettre une amende. Je vous renvoie
« l'acte : débrouillez-vous. »

L'enregistrement se présentait bien sous les traits du Père Fouettard, tel que je me le représentais.

Je renvoyai donc l'acte, par la poste, à l'agent voyer (car je n'use pas, pour mon compte, cinquante-quatre kilomètres de motocyclette pour transmettre un papier qui n'est ni précieux ni pressé, alors qu'il existe un service postal quotidien largement suffisant) et j'expliquai, bien entendu, le motif de ce retour.

Par un esprit d'économie que l'on ne peut

qu'approuver, le Préfet ne recommença pas les neuf pages du traité : il déchira la dernière feuille portant les signatures, la fit reconstituer avec des dates plus fraîches et rattacher aux huit pages restantes avec un onglet.

Le motocycliste refit cinquante-quatre kilomètres pour me demander une nouvelle signature, puis renvoya le traité à la Préfecture : le Préfet le signa derechef. Puis le motocycliste, moyennant toujours cinquante-quatre kilomètres, rapporta le papier sur mon bureau.

Un progrès très notable avait été réalisé depuis la première tentative. Au lieu de quarante jours, le traité n'en avait mis que vingt-deux à m'arriver ; mais c'était encore trop pour le rendre enregistrable.

Je renvoyai l'acte au Préfet en lui signalant que, malgré l'effort surhumain fourni par ses bureaux, l'acte ne m'était pas arrivé à temps pour être enregistré et que, dans ces conditions, je déclarais l'incident clos : il m'était parfaitement égal que l'acte ne soit jamais enregistré ; j'étais donc décidé à ne plus m'en occuper : comme le notaire, je ne voulais plus rien savoir.

Le Préfet fit une enquête, qui révéla sans doute que ses bureaux n'étaient pas organisés pour me faire parvenir ce papier dans les délais exigés par l'enregistrement.

Très sagement, il se disposa à changer de méthode et consulta ses collaborateurs sur la façon de sortir d'embarras. Aucune solution légale ne fut retenue ; mais l'agent voyer inspecteur suggéra un moyen antiréglementaire et extrêmement pratique. Il ferait lui-même enregistrer l'acte, avancerait l'argent de ses deniers personnels et m'écrirait une lettre particulière me demandant, à titre privé, de lui rembourser ses débours.

Ainsi fut fait. On redéchira la neuvième page, on la reconstitua collée avec un onglet, on me redemanda ma signature (cinquante-quatre kilomètres de motocyclette), on fit resigner le Préfet et, le 7 mai 1925, la victoire était proclamée ; l'acte était enregistré. L'agent voyer chef avait avancé de sa poche cent trente-deux francs, que je lui remboursai par chèque le lendemain.

Le traité portait les inscriptions suivantes :

1 %	74,80
5 déc.	37,40
0,6	0,60
	112,80
timbre	16
	128,80
double décime	3,20
	132 »

Enregistré à Auxerre (A. C.), 7 mai 1925, vol. 7 B. f° 75, case 438. Reçu 112 fr. 80 (signature illisible).

On remarquera en passant la simplicité de la

facture : sept lignes de calculs pour demander cent trente-deux francs au client.

Le succès fut, cependant, un instant compromis ; car, à la lecture du traité, le Receveur avait fait des observations : le Préfet avait oublié d'évaluer, *pour l'Enregistrement*, les charges accessoires. On ajouta hâtivement en marge, sans me consulter, et, par conséquent, sans ma signature, une évaluation quelconque de deux mille francs qui, paraît-il, pourrait être revisée dans dix ans et donner lieu à une facture supplémentaire. Jolie perspective !

En somme, pour cent trente-deux francs, l'Etat m'a fourni beaucoup d'heures d'agent-voyer à vingt mille francs par an, deux cent seize kilomètres de motocyclette, des heures d'agent voyer principal pour rédiger l'acte, beaucoup d'heures d'employés de Préfecture pour le taper et le recopier, de nombreuses minutes de receveur d'enregistrement à dix-huit mille francs et des précieuses minutes de Préfet à quatre-vingt-cinq mille francs par an. Tout cela n'est pas cher, j'en conviens, et, à ce prix-là, l'Administration ne peut pas s'y retrouver.

J'oubliais un détail. Et mon temps, à moi ? Je n'insiste pas ; on me ferait passer pour fou. Le temps d'un client ? Mais cela n'a jamais compté pour l'Administration.

A vrai dire, je ne suis pas un client. Ce n'est pas à mes cent trente-deux francs que l'on en veut : c'est à mon travail, à ma tranquillité.

L'administration éprouve un plaisir sadique à considérer l'administré comme un suspect auquel il faut apprendre à vivre. Amendes, pénalités, menaces, elle ne connaît que cela. Et pourquoi se gênerait-elle, puisqu'elle n'a en face d'elle que des poires qui le supportent ?

Pourquoi un acte sans aucune importance doit-il être enregistré dans les vingt jours ? Personne n'a pu me l'expliquer.

Pourquoi un receveur d'enregistrement cantonal ne peut-il enregistrer un acte signé par un Préfet, alors qu'un receveur d'enregistrement départemental, qui est tout autant le subordonné du Préfet, en a le droit ?

Ce que je retiens de mon aventure, c'est qu'un Préfet normal, ayant des bureaux normaux, dans un département normal, n'est pas capable de m'envoyer du premier coup un acte acceptable par la bureaucratie dont il est le représentant.

Tous, nous voulons bien payer inutilement cent trente-deux francs à l'Etat. Mais qu'on nous fiche la paix, qu'on nous fiche la paix, qu'on nous fiche la paix !

VII

LE COUP DE MATRAQUE

Lorsque la bande à Bonnot détroussait les passants dans la forêt de Sénart, elle courait un certain risque de recevoir aussi les coups de ses adversaires, en état de légitime défense.

Lorsque l'administration fiscale attire le paisible et naïf contribuable dans le maquis de la procédure, elle peut le dépouiller en toute sécurité, parce que les armes de la légitime défense sont tellement pesantes, que seuls de rares hercules peuvent les manier.

L'administré est, par définition, un bandit, tout juste bon à encaisser le coup de matraque que le fisc lui fait l'honneur de lui asséner.

Que le fisc ait besoin de faire rentrer beaucoup d'argent dans les caisses publiques, nul ne l'ignore ni le conteste ; mais, qu'il réclame l'argent en faisant tout au monde pour empêcher le client de payer, c'est là le procédé qui révolte, parce qu'il ne profite à personne.

Il est manifeste que beaucoup d'agents du fisc ont perdu de vue le but de leur emploi et qu'ils considèrent comme un sport de mettre le contribuable dans l'embarras. Par orgueil, ils veulent démontrer leur supériorité sur le malheureux client.

Belle malice! Nourris dans le sérail, ils en connaissent les détours. Par déformation professionnelle, ils sont heureux lorsqu'ils peuvent battre un record de procédure ou de chicane.

Chacun trouve son bonheur où il peut.

On sait que les droits de succession arrivent à atteindre des taux très élevés. C'est le seul impôt pratique sur le capital, pour la raison que tout le monde ne le paye pas le même jour, ni la même année et qu'il ne désorganise les finances que de ceux qui sont morts et dont la disparition aurait, par elle-même, nécessité la liquidation ou la transformation des affaires.

Il est très exceptionnel que, dans un héritage, petit ou gros, il y ait de l'argent liquide en quantité suffisante pour acquitter des droits qui, suivant la fortune, le nombre et le degré de parenté des héritiers, atteignent couramment un quart, un tiers ou la moitié de l'actif.

Le fisc n'acceptant que de l'argent, il faut vendre une partie des biens pour payer.

Si ces biens sont constitués par des titres nominatifs, le fisc oblige à payer avant de vendre : c'est matériellement impossible, aucun transfert ne pouvant être fait avant paiement des droits. Il faut alors emprunter, ce qui met les héritiers dans le plus grand embarras et les livre souvent à des intermédiaires plus ou moins scrupuleux qui consomment leur ruine.

L'Etat encourage les porteurs de titres à adopter la forme nominative. Ceux qui suivent ce conseil ne sont certainement pas des fraudeurs. A leur mort, les héritiers recevront le coup de matraque.

Les formalités successorales sont tellement compliquées qu'il est rare de pouvoir les terminer dans les six mois impartis aux héritiers pour acquitter les droits. Si la succession doit vendre des immeubles pour payer, l'impossibilité est absolue, puisque les héritiers n'ont le droit ni de vendre ni d'emprunter sur un immeuble dans les six mois de la déclaration de succession.

Un homme riche, qui n'aurait que des immeubles, serait considéré par ses héritiers comme un fou.

Le malheur de trouver des immeubles dans un héritage est moindre quand ce sont des maisons de rapport situées dans des villes importantes : lorsque les propriétés immobilières sont des fermes ou des terres de culture, le malheur peut se transformer en catastrophe.

La propriété de culture n'est pas recherchée comme placement, surtout à raison des aléas de sa transmission : le père de famille a le désir de laisser, à ses enfants, des biens et non pas des difficultés fiscales.

Les cultivateurs qui sont propriétaires de leurs champs et qui arrivent à l'âge de la retraite ont pris l'habitude, de plus en plus, de faire des partages entre vifs, pour essayer de résoudre eux-mêmes tous les problèmes de la transmission : ceux qui sont surpris par la mort en pleine activité mettent neuf fois sur dix leurs héritiers sur la paille.

Lorsqu'un immeuble est transmis par héritage, vente ou donation, il faut l'évaluer : c'est une affaire que l'on fait avec le fisc et il serait logique de s'entendre. On peut même, si c'est un acte volontaire, hésiter à le faire ou ne pas le faire, suivant l'importance des droits à payer.

Mais le fisc vous dit : « En vertu de l'article « premier de la loi du 27 mai 1918, c'est à vous « seul qu'incombe le soin de déterminer la va- « leur vénale de votre immeuble par voie de dé- « claration estimative. Je suis là pour vous sur- « veiller et non pas pour vous conseiller. Faites « l'acte définitif et enregistrez-le. Puis, quand « vous serez bien pris dans l'engrenage et que « vous ne pourrez plus reculer, j'arriverai avec

« ma matraque et, si votre évaluation ne me « convient pas, je vous assènerai sur le crâne « un de ces coups dont vous ne pourrez pas vous « relever. Si, entre votre appréciation et la « mienne, il y a plus d'un huitième d'écart, je « vous mettrai à l'amende. Mon système est de « vous attendre au coin du bois. Je vous donne « six mois pour faire votre déclaration ; mais je « me donne deux ans pour la contester et je ne « vous préviendrai, selon mon habitude, que « dans les derniers jours du délai, de façon que « vous n'ayez plus le temps ni de réfléchir, ni « de consulter, ni de négocier. »

Comme personne ne peut évaluer un immeuble ni même un meuble à un huitième près, le fisc a pris pour règle de contester à peu près toutes les déclarations par le procédé de l'intimidation.

Quand vous avez donné votre chiffre, il ne répond pas par le sien, mais par une invitation à modifier le vôtre : il vous suggère de faire des enchères sur vous-même sans vous dire où il veut en venir et en laissant planer sur vous la perspective de l'amende et du procès ; mais il n'aime opérer que dans l'ombre et plaide rarement, parce que, lorsqu'il perd, il est dans une situation ridicule.

Si, dans le délai de deux ans, vous mettez votre immeuble en vente publique et si le prix de vente dépasse l'estimation du fisc, vous payez automatiquement le supplément de droit. Mais, si l'immeuble se vend au-dessous du prix que l'administration a expertisé, le prix de la vente publique ne compte pas et vous payez les droits sur le prix expertisé qui n'a pas été atteint, sous prétexte que vous avez mal fait votre vente et que c'est tant pis pour vous.

Le fisc vous tient par la terreur des frais qui sont formidables, même si l'on ne va que jusqu'à l'expertise. D'après les lois, d'ailleurs contradictoires, des 22 mars 1924 et 13 juillet 1925, si l'estimation dépasse d'un huitième la vôtre, ne serait-ce que d'un franc, vous supportez tous les frais, plus le double droit sur l'excédent, plus six pour cent d'intérêt pendant les deux ans que l'administration a mis pour vous répondre.

La prétention du fisc de faire évaluer des immeubles à un huitième près est une preuve évidente qu'il veut se réserver, en toutes circonstances, le droit à la chicane, sans s'empêtrer dans les questions de bonne foi.

Personne ne peut dire si une villa au bord de la mer vaut 70.000 francs plutôt que 80.000 fr. Personne ne peut préciser, à 100.000 francs près, la valeur d'un gros immeuble rural ou urbain de l'ordre d'importance de 700.000 francs. Il est encore plus difficile d'évaluer à un million près des groupes d'immeubles, des buildings, des théâtres, des terrains qui figurent dans un inventaire pour sept millions.

Les gros propriétaires immobiliers ont pris l'habitude, pour atténuer les risques de difficultés fiscales, de mettre leurs immeubles en société. Ainsi, on transmet des actions et non plus des bâtiments et l'estimation d'un titre donne lieu à moins de surprises.

Ces mises en société de biens, qui, en réalité, n'appartiennent qu'à un propriétaire, sont un exemple entre mille de la domination exercée sur nous par la législation fiscale, qui nous conduit à faire tous les jours et à toutes les minutes de notre existence des choses que l'on n'aurait jamais imaginées sans cela.

Le risque d'être propriétaire d'immeubles reste donc considérable pour des particuliers, surtout si ces biens sortent un peu de l'ordinaire.

Je plains sincèrement les princes de Bourbon-Parme qui auront à liciter Chambord.

A construire, le château peut valoir une centaine de millions. A démolir, il ne vaut guère plus que le zinc qui est sur les toits. A vendre, il a valu un jour les quelques millions que, dit-on, M. Coty a offerts. Le lendemain, il ne les valait plus, puisqu'il n'y avait pas d'autre amateur. Les princes de Bourbon-Parme sont, pieds et poings liés, entre les griffes du fisc qui peut faire ce qu'il veut, y compris les ruiner, s'ils désirent garder leur château.

Lorsque l'on a liquidé les biens du marquis de Biencourt, on pensait que son château d'Azay-le-Rideau, le plus beau monument de la Renaissance, serait vendu très cher. Après plusieurs tentatives infructueuses de vente publique et des baisses successives de mises à prix, l'Etat a acheté Azay-le-Rideau à l'amiable, le 10 août 1905, pour deux cent mille francs. Personne n'aurait pu deviner qu'Azay-le-Rideau était sans valeur.

Il ne faut même pas croire que les biens mobiliers soient toujours faciles à évaluer à un huitième près. Il suffit de suivre les ventes publiques pour voir combien souvent les estimations des experts les plus réputés ne sont pas sanctionnées par les acheteurs.

Evidemment, une automobile de série, sortant de l'usine, a une valeur connue : un animal de boucherie aussi ; mais, à côté de cela, combien y a-t-il de choses que l'imperfection de notre jugement humain ne nous permet pas d'estimer à un huitième près !

Lorsque furent liquidés les biens séquestrés de M. Ferrari de la Renotière, on a dispersé en vente publique le 23 juin 1921, la célèbre collection de timbres qui provenait de sa mère, la duchesse de Galliera. L'expert Gilbert a adjugé à M. Burrus pour 246.750 francs-papier de l'époque, y compris les frais (soit environ 600.000 francs consolidés), le timbre rose de la première émission de la Guyane anglaise.

Intrinsèquement, ce timbre valait dix centimes. Si le roi d'Angleterre, qui a une collection complète de l'Angleterre et de ses colonies, en avait eu absolument besoin, M. Burrus aurait pu rencontrer un concurrent sérieux qui ne le lui aurait pas laissé à si bon compte.

Qui peut fixer à un huitième près la valeur du timbre rose de la première émission de la Guyane anglaise ?

Pour l'estimation successorale des objets mobiliers, le fisc accepte des forfaits : soit 5 % de l'actif, soit les six dixièmes du prix des polices d'assurances, si elles ne datent pas de dix ans.

Le contribuable aime le forfait, parce qu'il sait à quoi s'en tenir et que c'est simple. La vogue des bijoux et des objets d'art tient, en grande partie, à la facilité de leur transmission.

Hélas ! notre malheureuse terre de France ne vaut pas, pour des héritiers, un collier de perles ou un tableau de M. Van Croute. Le fisc s'acharne sur elle comme s'il avait intérêt à en ruiner la valeur.

Que l'on traite en suspects des propriétaires de biens cachés, passe encore ; mais que l'on brime ceux qui ont l'ingénuité de posséder des valeurs mobilières au nominatif ou d'étaler leurs biens immobiliers au soleil, cela est incompréhensible.

Il faut payer des droits sur les immeubles comme sur le reste : c'est entendu. Mais, puisque les immeubles sont difficiles à évaluer, pourquoi le fisc ne donnerait-il pas franchement et loyalement son avis quand on le lui demande?

Croit-on que les particuliers en abuseraient pour faire faire des estimations uniquement par curiosité ? Le remède est simple : qu'on fasse payer les vacations.

Quand un collectionneur veut vendre un tableau, il fait venir un expert et il le paye. Cela ne l'oblige pas à vendre.

Nous voulons que le fisc, qui fait des affaires avec nous, emploie les procédés corrects et courtois qui se pratiquent entre gens convenables.

Et ce qu'il y a de plus fort, c'est qu'il y aurait intérêt ; car ce n'est pas en tuant les clients à coups de matraque qu'on les multiplie.

Le fisc est éternel. Il devrait méditer cet aveu du vieux bandit sur son lit de mort : « Si j'avais su que je vivrais si longtemps, je crois que j'aurais eu intérêt à être honnête. »

VIII

MES FACTEURS

Je reçois la visite de plusieurs facteurs. Celui des P.T.T. vient tous les jours à heures censément fixes et fait un circuit connu. On peut, dans une certaine mesure, prévoir son passage et régler ses affaires en conséquence.

Lorsque l'on a appliqué aux fonctionnaires la loi sur le repos hebdomadaire, on a supprimé les distributions postales du dimanche dans les campagnes, de façon à bien accentuer les avantages matériels que les citoyens français peuvent obtenir en s'agglomérant dans les villes.

Pour donner une compensation et une marque d'intérêt aux ruraux, le gouvernement a multiplié, cette année-là, ses lamentations sur la dépopulation des campagnes, en indiquant la façon de la combattre par des cours, des discours et des conférences.

Ce système n'a pas donné les résultats escomptés et a été rapidement abandonné.

Après avoir cherché sa voie, en 1919, dans des distributions du dimanche, faites à la Mairie par le rassemblement des citoyens avides de courrier et d'autres combinaisons bizarres, l'administration des P. T. T. est revenue, tout simplement, à la tournée normale du dimanche.

Une distribution par jour suffit à tout le monde ; car le courrier se compose de moins en moins de plis pressés, depuis que l'usage du téléphone et du télégraphe s'est répandu pour les affaires urgentes.

A Paris, mon facteur passe six fois par jour chez moi : les distributions sont inutilement nombreuses, puisque la capitale jouit, en outre, d'un service de pneumatiques assez rapide : une seule distribution par jour suffirait. On en concevrait deux pour éviter l'encombrement ; mais il ne paraît pas nécessaire d'en maintenir le même nombre qu'à l'époque où la poste était le seul moyen de communication.

A Paris, on distribue séparément les lettres et les imprimés. On ne dira pas qu'il soit nécessaire de porter en vitesse au client des imprimés qui, de bureau à bureau, n'ont circulé qu'au ralenti.

Les dix levées par jour de ma petite boîte de

quartier, où les releveurs récoltent, à chaque passage, un butin minime, sont également un luxe dont nous pourrions parfaitement réduire les frais de moitié.

*
* *

Dans les villes, les rues ont, en général, des noms et les maisons des numéros, ce qui permet au facteur de faire son travail assez facilement.

Dans les communes rurales, les rues sont rarement dénommées et les habitations n'ont jamais de numéros, de sorte que les facteurs, pour faire une distribution à peu près correcte, doivent connaître individuellement les habitants susceptibles de recevoir lettres et journaux.

Dans les villages où la population est restée relativement sédentaire, beaucoup d'indigènes portent le même nom et, souvent aussi, le même prénom. Leur signe distinctif devient le surnom, ce qui oblige le facteur à accomplir un travail d'investigation minutieux.

Je connais une commune de cinq cent vingt habitants où dix-sept personnes répondent au nom de Perroche, seize au nom de Boudier, quinze au nom de Masson. Il y a Masson Emile dit Jules, Masson Jules dit Pierre, Masson Pierre dit Théodule, et ainsi de suite.

Rien ne serait plus utile que d'obliger les petites agglomérations à numéroter leurs maisons, même en l'absence de noms de rues, comme cela s'est fait pendant la guerre pour la commodité des cantonnements. Le numéro de la maison ferait partie de l'adresse au même titre que l'indication du bureau de poste et les correspondants soigneux et désireux de faire arriver sûrement leurs lettres à bonne destination prendraient peu à peu l'habitude d'écrire les numéros des maisons. Sans doute, mettraient-ils un certain temps à s'y habituer et y aurait-il encore assez souvent des adresses incomplètes ; mais ce serait incontestablement une grande facilité : il n'est pas surprenant que le Ministre des P. T. T. ne l'ait jamais réclamée ; car il est plus occupé à organiser le repos de ses serviteurs qu'à améliorer ses services.

Ce système présenterait un autre avantage non moins important. Demandez à un habitant d'une commune le lieu de résidence d'un citoyen qu'il connaît parfaitement bien. Il vous décrira longuement la couleur de la porte, l'aspect de la cour ou la race du chien de garde. S'il n'avait qu'à dire : « maison n° 58 », il y aurait économie de salive pour tout le monde.

*
* *

Mon facteur rural touche neuf mille francs de traitement par an (il a commencé sa carrière à huit mille et la termine à dix mille cinq cents) pour deux cent quatre-vingt-treize jours de travail ; car il a le repos hebdomadaire (mais pas les jours fériés), plus vingt et un jours de congé payés par an. Cela lui fait, sans les accessoires, environ trente francs par jour.

En plus de son traitement, il a son indemnité de charges de famille, trente francs par mois d'indemnité de bicyclette, douze francs cinquante par mois d'indemnité de chaussures, deux francs par jour d'indemnité de responsabilité de mandats. Il est habillé et reçoit, à son entrée en fonctions, deux cents francs d'indemnité d'achat de bicyclette. En fin de carrière, il a sa retraite. Mon facteur coûte à l'Etat de quarante à cinquante francs par jour.

En dehors de ses congés réguliers et de la tolérance des congés de maladie, il peut prendre des vacances pour ses convenances personnelles : on lui retient exactement ce que le Receveur des Postes donne à son remplaçant, qui ne fait pas partie des cadres et qu'il recrute dans le pays au mieux des intérêts du service.

Actuellement, mon Receveur des Postes trouve des facteurs bénévoles, tant qu'il veut, vingt-cinq francs par jour, ce qui prouve, en passant, que l'Administration des P. T. T. paye, pour les facteurs ruraux, environ le double du prix qui résulterait de la loi de l'offre et de la demande; car ses auxiliaires sont disposés à marcher tous les jours. Ils ne font pas le métier dans l'espoir

www.ingramcontent.com/pod-product-compliance
Ingram Content Group UK Ltd.
Pitfield, Milton Keynes, MK11 3LW, UK
UKHW021103270726
13993UKWH00006B/718